大展好書　好書大展
品嘗好書　冠群可期

大展好書　好書大展
品嚐好書·　冠群可期

武術特輯
156

書法太極拳

附 DVD

范紫陽　著

大展出版社有限公司

著名書畫家武微波大師為作者題字

作者與著名書畫大師武微波（左）

牡映書法 丹照太极

賀書法太极拳一書問世

辛卯年畫於北京

維華

著名書畫家唐維華大師為本書作畫題字，賀本書問世

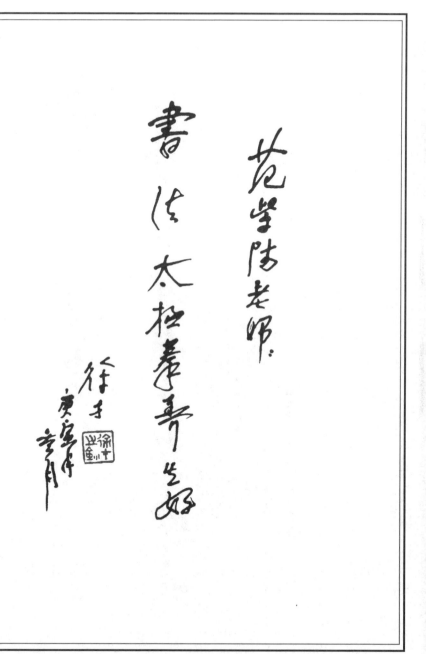

原國家體委副主任、國際武術聯合會主席、中國武術協會主席徐才先生為本書題字

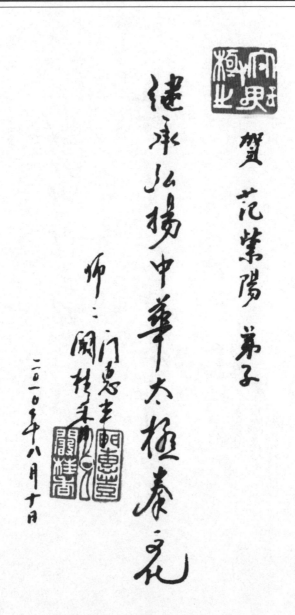

繼承弘揚中華太極拳兒

賀 范業陽 弟子

師：門惠豐 闞桂香

二〇一〇年八月十日

中國武術九段門惠豐、闞桂香教授贈言

作者與武當道教三豐自然派太極十三勢傳人華玄子（左）

作者與《仙緣──我的修道之路》作者興中子（左）

作者與中國武術專家、武術九段門惠豐教授（左）

作者與中國武術專家、武術九段夏柏華教授（左）

作者與中國武術專家、武術九段李德印教授（左）

作者與太極懸空書法創建人張桂生先生（左）

作者與太極拳六大門派掌門人出席首屆世界健康養生文化論壇

北京東城區太極拳輔導站站長與作者（中）合影

作者在北京香山飯店出席養生指導師項目專家論證會（前排右四）

第九期书法太极拳学习班师生合影
2011年10月1日~7日 于北京天下第一城

書法太極拳學習班學員與作者合影

作者為中國養生人才網養生指導師培訓班講授武術養生

作者為世健聯醫學研究院健康管理師培訓班講授運動與健康

作者與學員同練無極樁

作者在教學書法太極拳

自 序

　　我與功夫結伴三十餘載，經歷坎坷，但更多的是賢人相助，感動長存，受益極深，回饋社會也成爲我多年的心願。

　　幼童時身體瘦弱，係家庭五個子女中最小的一個男孩，較一般幼兒體質和免疫力低下，經常感冒、發燒，經不起風寒侵擾。爲提高免疫力，沒少打針、接種疫苗。稍懂事時，母親常說：「你是靠吃藥、打針長大的。」聽著這話，總是沉默，不曉得如何才能規避掉藥物的依賴。但是，到了七八歲的年齡就特別喜歡運動，生性好強的性格開始暴露。家離學校不足一公里，經常一人走著上下學，一天至少走兩個來回，兩年下來身體狀況良好，也變得更調皮。現在想來，其實走路和調皮好玩應是孩童時的運動鍛鍊。

小學期間愛上乒乓球，課間、課後打球，放學了還在跟同學們打球，經常天黑了還在瞄著打球，直到看不見才罷休。正是這種運動，鍛鍊了我的耐力、協調和靈活性。

初中時，課餘時間喜歡看武打小說，並跟同學借了少林羅漢拳畫冊，琢磨、比畫，經過一段時間「自修」，竟能像模像樣地打出一套拳來。之後的翻跟頭、腿腳功夫等全從書上「拿」，身體也愈發強健。

高中時，被選入校業餘武術隊，並成為核心隊員。大學是廣播電視大學成人自考，寬鬆的課餘時間為學武練武提供了方便。

之後踏遍中國大江南北，拜師達二十餘人，鞏固了健康，成就了今天的武術養生事業。

能坐下寫這本書，是源於我對武術的深刻體會和至深感悟。成長於逆境，歷練了意志，家父曾無奈地說：你練那個武，頂吃還是能頂喝！朋友、同事、同學、鄉親都認為是不務正業。冬日寒梅傲霜仍孕育花蕾待放！逆境中的我也在儲蓄

能量……我信奉「天道酬勤」，更崇尚清華大學校訓「厚德載物」。

從一介武夫，到走進武術文化殿堂，有很多話要分享給大家。

首先，太極拳是一種文化，更是一門學說，它承載了包含生理學、中醫學、易經學的內容。若要交代得清晰有效，必須遵循科學的教學法則，所以撰寫了《完美太極拳三步曲》即初級、中級、高級功夫的層次修煉法。

但是，書稿尚未完全落地時，偶遇書法長老揮毫潑墨，架勢非凡，給我靈感，讓我浮想聯翩……只好先放下手中「活」，又縈進書法太極拳的創編中。

本書將千年神奇的「太極」和「書法」融為一體，採用太極十三勢技術與人體生理學巧妙結合，依據中醫經絡學理論，用天人合一身法調動陰陽二氣，吸收自身回饋輻射的生物場和直接發氣的特性，增強身體新陳代謝，提高機體細胞活力；利用宇宙自然之氣和身體動作技術，將氣由

經脈到絡脈，循經感傳，打通經絡，促進血液循環，達到康復疾病、緩解症狀、延年益壽的效果。

希望這本書為書畫者的健康提供有益的幫助，為運動鍛鍊者校正誤區，為學校師生的健康保駕護航，為外國友人學習寫漢字提供有效的輔助。

目 錄

理 論 篇

一、關於太極十三勢

太極十三勢，張三豐所創，是第一代內家拳。據師華玄子講述：初元朝延佑元年，張三豐訪道參玄，三十年均無所遇，徒勞勤苦，性命惶惶，不得一遇至人。為了生平之願，西至秦隴，抱太華之氣，納太白之奇，走褒斜，渡陳倉，見寶雞山澤，幽邃清秀，就金台觀而居焉，感慨道之難聞。遂日夜焚香以告天，求天助道，時六十七歲，因感陳搏老祖弟子火龍先生，傳授至道，以靜為真，爐火外丹，每練時其氣催體動，氣通經絡，舒爽至極。隨靜極生動，動出十三勢，深感動作內圓外滑似水中游魚，難以捉摸，默認為陰陽魚，太極也。其動作勢勢對立、統一，攻防有度，式式生根，拳勢誕生，因得超凡而入聖也。在傳承上有陰傳與陽傳之分，陰傳乃形傳也，陽傳即為魂傳（也有夢傳之說）。

太極十三勢動作融道家養生煉丹術，及鍛鍊人體十二經絡之效。其內涵豐富，意義深遠，自古為道家修煉之寶，秘傳之法。太極十三勢除「定」勢是總綱之外，其餘十二勢（掤、捋、擠、按、採、

捌、肘、靠、進、退、顧、盼)分別對應人體十二經絡。即,定,是任督二脈和帶脈的總稱,是總綱,在五行屬土,在八卦屬魂,是滋養萬物之母,是生命之基礎,非常重要,也就是說沒有「定」就沒有太極拳架。十二經絡的呵護在運動方面是採用其餘十二勢在定的基礎上進行保健、康復和養生。為此,本人認為太極十三勢,是公式拳,是母拳,是太極拳的根。

張三豐太極十三勢魂傳繼承者是華玄子,而形傳繼承者則是王宗岳,王宗岳傳給中原(河南)及河北等地。後人代代相傳,派生出諸多門派的太極拳,如陳、楊、吳、武、孫等。新中國成立之後,國家體育部門在眾多流派的基礎上又組織專家們編排了許多簡化、競賽太極拳拳架,以推動全民健身運動。

二、問道太極

本人從事武術養生的實踐與教學二十餘年,曾隨王連生、華玄子、常欽普、馮貴發、吳漱泉、張延生、張尊安、海燈法師、呂繼堂、殷家民、黃仁忠、邱服儀、門惠豐、闞桂香、李德印、張萬玉、

姜文信等老師學習武術、散打、太極拳、氣功等功夫，尤其得到道家張三豐傳人華玄子道長的言傳身教後，愈發增強了對太極拳的深入體驗研究之信心。

傳統太極拳養生著重於經絡、穴位與氣引血行，注重陰陽平衡、氣血通順、穴位開合。規範的太極拳練習可鍛鍊身體平衡能力、肌肉力量、爆發力、柔韌性、耐力、大腦反應能力、敏捷與靈活性，還可鍛鍊神經對動作的條件反射。太極養生作用於人體並不複雜，也並非人們理解的或者是視覺中看到的那麼難。事實上，難得的是方法，如能得到輕取直進之法很快就能成功。

西方式的運動鍛鍊，大多以健身器材為主，強調肌肉培育、活動關節、消耗能量等。人們每天的活動，如抬手、動腳、前進、後退、左顧右盼、意識活動等都是鍛鍊，但由於貪念過重，違背自然生理規律，導致身體透支、陰陽失調等健康問題。需要指出的是，絕大部分武術、太極拳界人士在鍛鍊效果上過分追求表演、競技、比賽等，尤其在動作漂亮和高難度上大做文章，蠻練硬練而忽略養氣之本、養生法則，導致真氣過度消耗而造成傷害性疾患頻出。醫院給關節痛的太極拳練習者定名為「太

極膝」。更有一些名望很高的老拳師換上了鋼製膝
關節，有的做了心臟手術，還有在大賽上屢拿武
術、太極拳冠軍的「大師」們患上腸胃病。此外，
由於武術、太極拳練習者對營養的無知，也導致了
許多與營養有關的疾病。

日益複雜的健康問題有待中國傳統的徒手運動
方式維護身體健康。我對運動的研究，絕不是停留
在身體手臂、腿腳的舞動，已深入到身體組織細胞
的活力運動，乃至陰性物質靈魂的動態。世界衛生
組織提出體形及體重標準：身高減去105（低於165
公分者減100）＝標準體重。

我國道家倡導的道骨仙風體質，正吻合世界衛
生組織提出的體形及體重標準。

《大成道鄉修真全集》中講：「道祖統領乾
坤，佛祖普度眾生，儒宗維持綱常。」其中，道祖
是負責陰陽平衡的執行者。開天闢地即為乾坤，乾
坤乃陰陽，陰陽是兩個極端，為太極之象。道生萬
物，道理遍天下，道祖統領乾坤，可見道之大。
「生命在於運動」與「民以飲食為天」遙相呼應，
構成了中華民族的又一智慧結晶——太極思維，並
成為我們今天沿承的太極養生思想。

　　我們每天24小時都在運動，也違背著養氣的法則，大部分時間處於耗氣狀態，這樣耗氣的運動頻率比每天進食三餐飯要高幾十倍。攝入的真氣能量太少，消耗的真氣能量太多。養的少、耗的太多，自然陰陽失衡，疾病纏身而影響健康與壽命。倘若能做到天人合一，將六大自然身法融為一體，每天僅運動10分鐘左右就可以使真氣能量增加，並形成運動與飲食營養的互動，促進身體細胞對營養更好的吸收與轉化，避免或減少營養浪費。

　　身體既需要消耗氣（能量），更要養氣。耗、養平衡方能健康，從中醫學講要陰陽平衡。但是，我們消耗得太多太多啦！可以說從出生之時起到目前為止都是以耗氣為主，消耗的既有先天元氣，還有後天食物補給的能量之氣，耗氣占60％～80％，養氣僅有20％～40％，僅做到了飲食營養的能量之氣補充。

　　做到天人合一才有養生之效，要求做到：骨盆自然端正、脊椎自然順直、重心自然垂地、動作自然圓滑、目光自然含放、身體自然鬆開。

　　自然就是天意，大自然賦予人類生命的要素就是天人合一，願生命與天地同長久！這就是「道」，也叫道法自然，能做到「自然」就等於掌

握了健康、長壽的金鑰匙。

　　太極十三勢都是單個動作（即十三個勢子），並非套路，為了方便習練者練習，特按傳統拳法慣例編成套路，融入書法太極拳套路中，並作為主線時時處處體現，感悟太極十三勢與漢字筆畫對人體生命健康的奇特效果。

三、書法筆畫與太極拳的對應關係

　　隨著飛逝的歲月，積澱已久的創作慾望愈發強烈，閒暇之餘，作者在北京有幸看到著名書畫家武微波大師正在揮毫書寫……筆下似小河流水綿綿不斷，時而又飛流直下，時而浪花四濺，時而龍騰虎躍潑墨濃吼。他是用腰帶動手臂抽絲般揮毫，筆到興處盡情潑灑，向上揚，向下拉，左右甩……此情此景，正像打太極拳：綿綿不斷、藕斷絲連、運勁抽絲，意到盡處彈抖發力……腦海中呈現書法與太極同舞的身影，說不清是寫書法者在練太極，還是練太極者在寫書法。書法與太極在激烈碰撞，飛濺著「火花」……從此，漢字與太極拳的關聯之處一一呈現；從此，將漢字筆畫與太極八法融為一體，

名為「書法太極拳」。

點橫豎撇捺折的寫法是以身體支撐為基礎，懸腕提筆，靜心凝神，意念字跡筆畫，氣催手臂至腕作用於手中的筆而寫字作畫。一筆一畫都依賴氣的推動，只有氣順筆才順，字皆順；氣滯則動作不穩，筆不順，字皆不盡人意。

意思就是要修身練氣，促使經絡暢通，氣旺順暢，有利於寫字，有利於身體健康。

書法與太極拳體現的是陰陽對立之哲學思想、剛柔相濟之包容精神、文武互補之平衡關係。如果僅從事文化工作而忽略體育鍛鍊，則會影響健康；反之如果僅注重體力活動，不注重文化修養，也會妨礙事業進步及整體素質的提升，促使平衡發展是書法太極拳的宗旨。

太極八法與漢字筆畫之對應：

肘勢，以肘關節點擊對方身體，如同書寫漢字時的「點」畫；

挒勢，兩手抓握對方手臂從左右橫甩對方，如同漢字書寫時的「橫」畫；

按勢，雙手下拉或上推對方身體，如同書寫漢字時的「豎」畫；

　　掤勢，屈臂外撐緊貼對方身體向上頂起，如同書寫漢字時的「彎折」畫；

　　捋勢，雙手抓握對方手臂向斜下方拉，如同書寫漢字時的「撇捺」畫；

　　採勢，手掌上翹力達掌根按壓對方上頂之手腕，如同書寫漢字時的「勾」畫；

　　靠勢，手臂時而撐為弧形撞擊，時而雙臂展開斜飛，時而身體團聚成圓頂撞，如同書寫漢字時的一個個「標點符號」；

　　擠勢，做發力動作之前雙手畫圓弧以運氣，如同書寫漢字時的研墨畫圓動作。太極拳是弧線運動，更以圓為靈魂，即，先畫小圓而後捋，先運氣（炁）而所用。

　　形在拳架，意在寫字，形意結合，憑空寫字畫天空。

筆畫與太極八法的對應關係

太極八法	掤	捋	按	擠	靠	肘	挒	採
書法筆畫	彎折	撇捺	豎	氣（炁）（研墨）	標點符號	點	橫	勾
	フ乚	㇒㇏	｜	☯	，。	、	一	㇀乚

四、書法太極拳的價值

(一)拓寬對漢字筆畫含義的理解

漢字是中國幾千年的文化傳承與交流工具。習練漢字主要是動筆寫和腦海意想的結合。但是,由於書寫者忽略身法的端正與放鬆,從而導致積勞成疾者不在少數,如很多人由於書寫姿勢不當而患上手腕腱鞘炎、近視眼、駝背、探頭等病症。

從養生保健學來講,建立符合身體生理規律、促進氣血自然循環的體姿架子非常重要。運動保健養生的核心首先就是要端正身姿。在練書法太極拳時,一筆一畫地臨摹,體會出運勁如抽絲的美妙感受,這無疑對身體氣血循環是一個好的推動。身法正了,氣血循環好了,身體自然健康。

對熱愛漢語的外國人來說,先鍛鍊書法太極拳筆畫動作的比畫,再在紙張上寫,能學得更快,而且還可保健身體,可謂一舉兩得。

對在校學生來說,學習緊張之餘,練習書法太極拳,既可調節緊張的神經,又可以保健身體、開

發智力，更重要的是能夠培養對書法藝術的興趣，促進傳統漢字文化的傳承。

再如人們對電腦的依賴，削減了動手寫字的能力，如果長時間對著電腦工作的期間，隔一段時間就站起來練練書法太極拳，則有助於強化對漢字筆畫與漢字臨摹的記憶，又能透過運動提高身體免疫力，告別亞健康。

不用墨，不沾水，不用紙，不拿筆，運勁用意畫天空，既練漢字又鍛鍊了身體，何樂而不為呢？當然，它是不可取代筆的，只能是學習書法的一種特殊輔助手段，也是培養運動保健習慣的一種方法。

(二)獲得康復、保健和養生效果

書法太極拳剛柔相濟、外柔內剛，每個完整的動作都是由多個小細節組合而成，在練習時動作越小、越慢，越易獲得氣感效應。

無論氣在體內運行，還是氣湧於體表轉成衛氣，都直接關聯著人的身體健康。所以練太極拳獲得氣感效應是很重要的。練習者的健康狀況越差，越敏感，越容易得到氣感效應。氣感越大，經絡不暢可能性也就越大。身體健康者往往比較難得到很明

顯的氣感，不過，一旦練出氣感，則是健康的氣場。

　　練習書法太極拳，要想獲得氣感，首先要建立符合身體生理規律的運動架子，這一架子稱為規範的拳架。拳架至關重要，它關係到：第一，能否為自身的氣血循環建立一個暢通的管道；第二，能否為自身臟腑提供一個舒適的休息場所；第三，是否採用自身每日的能量攝入與能量消耗成正比的運動量；第四，鍛鍊過程中由於自身不良姿勢與動作是否對身體產生的負面影響。

　　書法太極拳雖然不是萬能的，但它是有效的。疾病需要醫學手段來治療，但藥物是利弊相間的，一些疾病不可拒絕藥物，但也不能過分依賴藥物，即使依賴了藥物，也應該主動進行合理的運動。

　　書法太極拳的練習，可以促進氣血運行，有益於排尿利便，使汗腺穴位張開，從而可排泄掉一部分化學毒素，獲得通經活絡、提高免疫力的效果。

　　近年來，保健方興未艾，養生深入人心，如何更好地將文化與養生保健有機地結合在一起，使人們在文化娛樂的同時不知不覺地達到修身養性、強身健體、延年益壽的功效，是書法太極拳義不容辭的使命。

一、書法太極拳三十一式動作名稱

第一段

第 一 式　無極樁

第 二 式　混沌初開勢

第 三 式　太極樁

第 四 式　弓步肘點（右式）

第 五 式　弓步肘點（左式）

第 六 式　懷抱陰陽

第 七 式　游魚擺尾

第 八 式　弓步捯橫（右式）

第 九 式　左右雲手

第 十 式　白鶴亮翅

第十一式　弓步捯橫（左式）

第十二式　虛步按豎（右式）

第十三式　虛步按豎（左式）

第十四式　弓步掤折（右式）

第十五式　弓步掤折（左式）

第十六式　虛步捋撇

第十七式　弓步掤折（右式）

第二段

二、書法太極拳三十一式動作圖解

第一段

第一式 無極樁

　　兩腳自然站立，腳後跟相靠，腳尖分開，大腳趾第一趾骨（大腳趾根部凸起處）之間能夠容納本人橫拳四指寬，兩膝微屈而內直，身體重心透過兩膝落在兩腳心，使腳心似皮碗狀與地心相吸；掖髖斂臀，舒胸鬆腹；兩肩鬆沉，兩臂自然下垂，手指自然舒開，掌心空含，小指在褲縫前邊，手背斜向前；頭正，項直，虛領頂勁，收頷藏喉，鼻尖直線對下丹田，這樣上丹田、中丹田、下丹田就在一直線上，百會穴（頭頂）與會陰穴（襠部）在一直線上；自然呼吸，兩眼含神正視，專注身法，意想書法運筆勁路與身體氣血運行相融。（圖2-1、圖2-1附圖）

　　【要點】

　　全身放鬆，要鬆得開，鬆而不懈，緊而不僵，

圖2-1　　　　　圖2-1附圖　　　　圖2-2

胸向正南方向（以下將胸向稱為中丹田所對方向）。

第二式　渾沌初開勢

1.兩腳併齊

重心移至兩腳跟，兩腳前掌慢慢靠近併齊。
（圖2-2）

2.左腳橫開

重心移至右腿，左腳跟先抬起，再腳尖離地，
向左橫開一步，與肩同寬，腳尖先著地，再腳跟落
地，兩腳平行，重心移至兩腿中間，透過膝關節像

圖2-3

圖2-4

吸盤一樣與地心相吸；兩眼平視，意存下丹田，呼吸自然，氣勢軒昂，唯我獨尊。（圖2-3）

【要點】

開步要做到點起、點落，左腳尖離地高不超過右腳內踝骨，落腳踏實慢慢將重心移動一半給予左腿。

第三式 太極椿

1. 兩手上掤

以手帶时兩手向前、向上平抬，高與肩平，與肩同寬，同時重心前移至兩腳前掌。（圖2-4）

圖2-5

2. 兩手下捋

兩腿屈膝下蹲；以肘帶手，兩手下按至腹前，
與腰同高，兩肘略外撐；重心移至兩腳心，成太極
樁定勢。（圖2-5）

【要點】

兩手向上掤起時以手帶肘，向下捋時以肘帶
手。兩膝彎曲角度大小決定運動強度，這個角度將
保持在整個套路的動作中，練拳時不可或高或低。
建議，初練階段，膝關節略彎，採用小運動強度，
一般採用150°的角度。

圖2-6

第四式 弓步肘點（右式）

1. 擠圓伸掌

腰左轉45°，中丹田對東南；前伸右掌，指尖朝前，掌與肩同高，與喉嚨在一直線，手臂形似魚尾；左手臂隨腰撐轉於左腰側，肘關節略大於90°，手臂形似魚頭；同時，重心移至左腿；目視左手。（圖2-6）

2. 跟步穿掌

腰右轉90°，中丹田對西南；右手臂順勢略收，

圖2-7　　　　　　　　圖2-8

左掌隨轉腰向上畫弧穿過右手腕，兩前臂內關穴懸
空相對，兩手腕距中脘穴約15公分，並與中脘穴同
高；同時，重心移至右腿，左腳跟至右腳內側，腳
尖著地；眼隨左手至雙手。（圖2-7）

3. 錯掌上步

　　左掌翻轉使手心朝外，向西南斜上方推出，掌
與肩高；右掌往下、往後收至右腰側，手心朝上；
同時，左腳向左上步於正東方向，腳跟著地於右腳
跟向東延長線的外側一橫拳距離；目視左手。（圖
2-8）

圖2-9

4. 抹掌落腳

腰左轉45°，中丹田對正南方向；左掌向左畫弧抹掌至正南方向，手心朝外，拇指朝下；右手在右腰側握拳，拳心向上；同時，左腳前掌落地，腳尖對正東方向，膝關節微屈；眼隨左手。（圖2-9）

5. 弓步肘點

右腳跟向外碾地外旋45°，催髖、腰左轉90°成左弓步，中丹田對正東方向；同時，左手掌向裏滾動弧線下沉至下丹田，勞宮穴與下丹田相對約一橫拳，右肘從腰間向正南方向點擊；眼視右肘。（圖2-10、圖2-10附圖）

圖2-10　　　　　　　圖2-10附圖

【要點】

抹掌、握拳、落腳同時進行，氣沉下丹田；點擊力量傳導順序：碾腳外旋時緊貼地面，借助地面反作用力催膝至胯、轉腰、至肩、至肘逐節上傳。目光從兼顧兩手，再專注左手，至定勢時眼神與右肘缺池穴相合。

第五式　弓步肘點（左式）

1. 後坐撐掌

重心後坐於右腿，左腳尖翹起；同時，左右手前伸，左手指尖朝前（正東），右手中指的中衝穴

圖2-11   圖2-12

對左手腕部的神門穴；目視雙手。（圖2-11）

2. 轉腰抹掌

腰右轉45°，中丹田向東南；右手順勢畫弧於右胸前，右手合谷穴對右胸期門穴，肘關節略大於90°，肘往後不超過體右側，肩關節與上臂呈弧線；目視右手。（圖2-12）

3. 擺腳穿掌

左腳尖擺90°落地，腰左轉180°，中丹田向西北；左掌隨腰轉向左平擺90°，距中脘穴約15公分，右掌隨腰轉向左上畫弧穿過左手腕上，使兩前

圖2-13

圖2-13附圖

臂內關穴懸空相對;同時重心移至左腿,右腳收至左
腳內側,腳尖點地;眼隨右手視雙手。(圖2-13、
圖2-13附圖)

4. 錯掌上步

右腳向右上步於正東方向,腳跟著地於右腳跟
向東延長線的外側一橫拳距離;同時,右掌翻轉使
手心朝外,向西北斜上方推出;左掌往下、往後收
至左腰側,手心朝上;目視右手。(圖2-14、圖
2-14附圖)

圖2-14　　　　　　　圖2-14附圖

5. 抹掌落腳

　　腰右轉45°，中丹田對正北方向；右掌向右畫弧抹掌至正北方向，手心朝外，拇指朝下；左手在左腰側握拳，拳心朝上；同時，右腳前掌落地，腳尖對正東方向，膝關節微屈；眼隨右手。（圖2-15、圖2-15附圖）

6. 弓步肘點

　　右手掌向裏滾動弧線下沉至下丹田，勞宮穴與下丹田相對約一橫拳，左肘從腰間向正北方向點擊，力點在左肘；同時，左腳跟向外碾地外旋45°，腳跟蹬地，右膝屈膝成右弓步；腰右轉90°，中丹田

圖2-15

圖2-15附圖

圖2-16

圖2-16附圖

對正東方向；眼視左肘。（圖2-16、圖2-16附圖）

【要點】

同第四式弓步肘點（右式）。

圖2-17　　　　　　　圖2-17附圖

第六式　懷抱陰陽

後坐前撐

左腿膝關節彎曲，隨之重心後坐於左腿，右腳尖順勢翹起；同時，右掌抬起與胸同高，手心朝內，左拳變掌抬起與胸同高，手心朝外，雙手中指中衝穴相對，兩掌向正前方推出，成陰陽掌，右手勞宮穴照中丹田，雙臂撐圓，懷中如抱氣球；眼視雙手。（圖2-17、圖2-17附圖）

【要點】

重心後移與雙臂撐圓同時進行，動作過程有節

圖2-18

節拔開之意。

第七式　游魚擺尾

1. 陽魚擺尾

右腳尖外擺90°落地（腳尖對正南），重心移至右腿，腰右轉45°，中丹田對東南，左腳跟步至右腳內側，腳尖點地；同時，左掌內旋，向左弧線壓掌至體左側，與腰同高，手指朝左，手心朝下，如按水面，左臂順直似魚尾；右手不動，右臂圓弧似魚頭；眼視左手。（圖2-18）

圖2-19

2. 陰魚擺尾

腰右轉45°，中丹田對西南，左腳向左橫開一步，腳尖點地；同時，右掌上抬，高不過眉，再向右下擺動下落，手臂內旋擺掌至體右側，與腰同高，手心朝下，手指向右，如按水面；左掌向右經腹前向上畫弧至胸前，勞宮穴對中丹田，右臂順直似魚尾，左臂圓弧似魚頭；眼視右手。（圖2-19）

【要點】

跟步按掌要一致，右按掌與開步要一致，有魚尾拍打水面的意識。

圖2-20

第八式 弓步捌橫（右式）

1. 跟腳抱球

腰左轉45°，中丹田對正南；左腳後跟慢慢落地，重心移向左腿，右腳收至左腳內側，腳前掌著地；同時，左手內旋，手心翻轉向下，畫弧至左胸前，腕與左肩同高，右手向下畫弧至腹前下丹田處，手心翻轉朝上，兩手勞宮穴懸空相對；眼視左手。（圖2-20）

圖2-21

2. 左轉錯掌

腰左轉45°，中丹田對東南；重心移至右腿，左腳跟提起，腳尖點地；同時，雙手逆時針畫斜半圓，左手至左腰旁，手心向下，手指朝南，右手至右腰前，手指朝東，兩手十指相對，臂呈圓形；眼視兩手。（圖2-21）

3. 右轉錯掌

腰右轉90°，中丹田對西南；重心移至左腿，右腳跟提起，腳尖點地；同時，雙手繼續逆時針畫半圓，緊接著左手從右手腕部穿出至右腹前，手心向

圖2–22

圖2–23

下，手指朝西北；右手收至腹前下丹田處，手心朝上，手指朝東南，兩手掌略平行；眼視左手。（圖2–22）

4. 胸前橫球

腰左轉45°，中丹田對正南；重心移至兩腿；同時，左手抬起於左肩前，手心向右，右手抬起於右肩前，手心向左，兩手勞宮穴相對；眼視雙手。（圖2–23）

5. 斜推上步

腰左轉45°，中丹田對東南；右腳向右（正西）

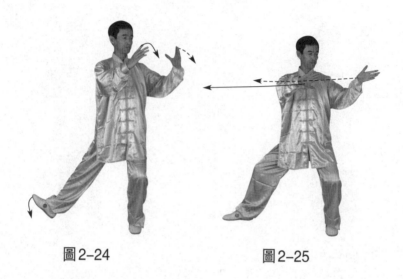

圖2-24   圖2-25

上步，腳跟著地；同時，雙手向左前側（東南）推出，腕與肩高，手心相對，手指斜向上；眼視雙手。（圖2-24）

6. 橫掌落腳

右腳落地，腳尖對正西方向；同時，雙手掌以腕關節為軸翻轉，使掌心向外，指尖朝左，橫掌於左胸前；眼視雙手。（圖2-25）

7. 弓步捯橫

左腳跟碾地外旋，催動腰右轉90°，中丹田對西南；右腿屈膝成右弓步；隨腰轉雙手向右前側（西

圖2-26

南）捌橫，力點在雙手；眼隨視雙手。（圖2-26）

【要點】

雙手捌橫力量傳導順序：腳跟蹬地借助地面反作用力催膝至胯，轉腰至肩，至肘逐節上傳；左腳跟碾地外旋，使腳成45°角，腳跟貼地，前腿小腿垂直，百會虛領，身法中正。

第九式　左右雲手

1. 翻掌扣腳

左臂內旋，左手向左下畫弧至髖同高，手心朝

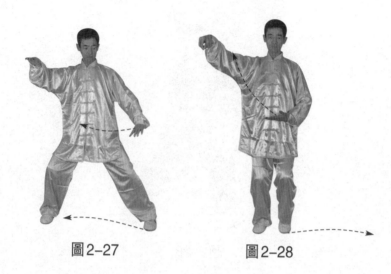

圖2-27　　　　　　　圖2-28

下對左腳，手指同腳尖方向；右掌前伸，翻轉手心向下，手心對右腳，手指同腳尖方向；同時，重心不變，右腳尖內扣90°；眼視左手。（圖2-27）

2. 勾手跟腳

左手翻轉向右至下丹田處，手心向上；右手五指捏攏向下彎曲，成勾手，勾尖向下；同時，左腳跟至右腳內側，腳尖點地；眼視右手。（圖2-28）

3. 穿掌上步

右勾手不變，左手從下丹田處向斜上方穿至右肩前；同時，左腳向正東上一步；眼視右手。（圖

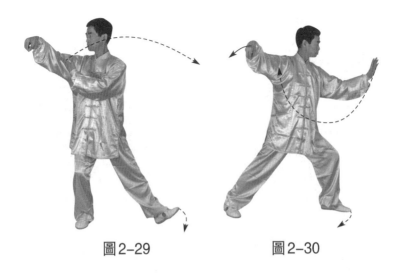

圖2-29　　　　　　圖2-30

2-29）

4. 弓步單鞭

腰左轉90°，中丹田對東南；重心前移，左腿屈膝成左弓步；同時，右勾手不變，左手隨腰轉翻轉向前推掌，手心向正東；眼隨視左手。（圖2-30）

5. 旋臂扣腳

左手向下、向右經腹前向上畫弧至右肩側，右勾手變掌，擺至右側，與右腿在一直線上，手心向前（南），腕同肩高，左手勞宮穴對右肘少海穴；同時，腰右轉90°，中丹田對西南；重心移至右腿，

| 圖2-31 | 圖2-32 |

左腳尖內扣對正南；眼視右手。（圖2-31）

6. 陰魚左移

　　左手向上、向左畫弧至面前，高與眉齊，右手翻轉手心，向下按至右胯旁，如水中按球；同時，腰左轉45°，中丹田對正南；重心移至左腿，右腳收至左腳旁，腳前掌著地，距離肩寬的一半；眼隨視左手。（圖2-32）

7. 擺掌收腳

　　左手向左下繼續畫弧，腕同肩高，左臂內旋，使手心朝前，掌指斜向上；右手繼續向左經腹前畫

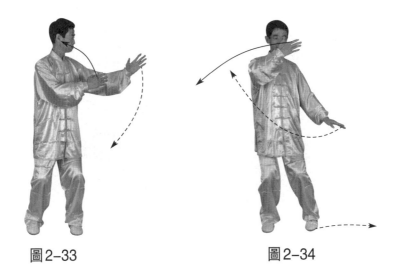

圖2-33　　　　　　　　圖2-34

弧至左手臂肘關節內側，勞宮穴對少海穴，手指尖
對左手心；同時，腰左轉45°，中丹田對東南；右腳
跟慢慢落地踏實，重心在兩腿之間，成小馬步；眼
隨視左手。（圖2-33）

8. 陽魚右移

右手向上、向右畫弧至面前，高與眉齊，左手
翻轉手心朝下，向下按至左胯旁，如水中按球；同
時，腰右轉45°，中丹田對正南；重心移至右腿；眼
視右手。（圖2-34）

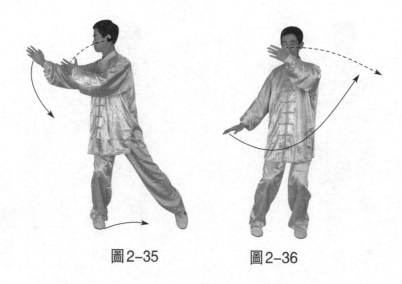

圖2-35   圖2-36

9. 擺掌開步

右手向右、向下繼續畫弧，腕同肩高，左臂內旋，使手心朝前，掌指斜向上；左手繼續向右經腹前畫弧至右手臂肘關節內側，勞宮穴對少海穴，手指尖對右手心；同時，腰右轉45°，中丹田對西南；左腳向左（正東）橫開一步，腳前掌著地；眼隨視右手。（圖2-35）

10. 陰魚左移

同本式之6動。（圖2-36）

圖2-37

11. 擺掌收腳

同本式之7動。（圖2-37）

【要點】

本式包括一個單鞭，兩個雲手；身法端正，下
頜微收，頭正項直；手經過面前時，手找眼睛，做
到手眼相連，勞宮穴與眼神之氣相合。

第十式　白鶴亮翅

1. 轉體抱球

腰左轉45°，中丹田對正東；同時，右腳以腳前

圖2-38   圖2-39

掌為軸碾地外旋90°，重心移至右腿；左手翻掌，手
心向下，手指朝右；右手翻轉，向下畫弧至腹前丹
田處，手心向上，手指朝左，雙手如抱一球；眼視
左手。（圖2-38）

2. 合掌轉腰

腰右轉45°，中丹田對東南；同時，兩手勞宮穴
相對慢慢合攏；眼視雙手。（圖2-39）

3. 分掌亮翅

腰左轉45°，中丹田對正東；左腳跟內擰，腳尖
朝前點地成左虛步；同時，左手下按左胯旁，右手

圖2-40   圖2-40附圖

上舉前合，腕略高於頭；眼視前方。（圖2-40、圖
2-40附圖）

【要點】

身法端正，下頜微收，頭正項直，合掌之間留
有間歇，分掌如抽絲般拉開。上舉右臂須前合，切
忌擴胸努目。

第十一式 弓步捌橫（左式）

1. 上下合轉

腰右轉45°，中丹田對東南；同時，左手隨腰轉

圖2-41   圖2-42

抬起前伸，與肩同高，掌心朝上，手指朝前；右手
下按畫弧於右腰側，掌心向下，手指朝前；眼隨視
右手。（圖2-41）

2. 手揮琵琶

腰左轉45°，中丹田對正東；左腳腳尖上翹，後
跟著地；同時，左臂內旋，腕同肩高，手心向右，
手指朝前；右手臂外旋，手心向左，手指朝前，向
前上畫弧至左肘內側，勞宮穴對左肘少海穴，手指
中衝穴對左手勞宮穴；眼隨視左手。（圖2-42）

圖2-43　　　　　　　　圖2-44

3. 屈臂跟步

左腳尖外擺45°落地；同時，左掌翻轉橫置於胸前，手心朝下，手指朝右；右掌變拳，拳心向上；眼視雙手。（圖2-43）

4. 狸貓上樹

腰左轉45°，中丹田對東北；右腳提起，勾腳向左前方蹬踹，力點在腳跟；同時，右拳順勢向上劈拳，拳背斜向下，拳面向斜上方，力點在拳背；左掌略向下按，翻轉手心向上，橫置於腹前；眼視右拳。（圖2-44）

圖2-45 　　　　　　　　圖2-45附圖

5. 跟腳抱球

　　腰左轉45°，中丹田對正北；右腳向前方落下，
腳跟先著地，再腳尖內扣落地朝北，重心移至右
腿，左腳提起跟步於右腳內側，腳尖點地；同時，
右拳變掌滾動，使掌心朝下，屈臂內旋於右胸前，
合谷穴對右胸前神藏穴，兩手勞宮穴懸空相對，成
抱球狀；眼視右手。（圖2-45、圖2-45附圖）

6. 右轉錯掌

　　腰右轉45°，中丹田對東北；左腳跟落地，重心
移至左腿，右腳跟提起，腳尖點地；同時，雙手順

圖2-46   圖2-46附圖

時針畫斜半圓，右手至右腰旁，手心向下，手指朝北，左手至右腹前，手指朝東，兩手十指相對，臂呈圓形；眼視兩手。（圖2-46、圖2-46附圖）

7. 左轉錯掌

腰左轉90°，中丹田對西北；右腳跟落地，重心移至右腿，左腳跟提起，腳尖點地；同時，雙手繼續順時針畫斜半圓，緊接著右手從左手腕部穿出至左腹前，手心向下，手指朝西南；左手收至腹前下丹田處，手心朝上，手指朝東北，兩手掌略平行；眼視右手。（圖2-47、圖2-47附圖）

圖2-47　　　　　　　　圖2-47附圖

8. 胸前橫球

腰右轉45°，中丹田對正北；左腳跟落地，重心移至兩腿之間，兩腿屈膝；同時，右手抬起於右肩前，手心向左，左手抬起於左肩前，手心向右，兩手勞宮穴相對；眼視雙手。（圖2-48、圖2-48附圖）

9. 斜推上步

腰右轉45°，中丹田對東北；左腳向左（正西）上步，腳跟著地；同時，雙手往右前側（東北）推出，腕與肩高，手心相對，手指斜向上；眼視雙手。（圖2-49、圖2-49附圖）

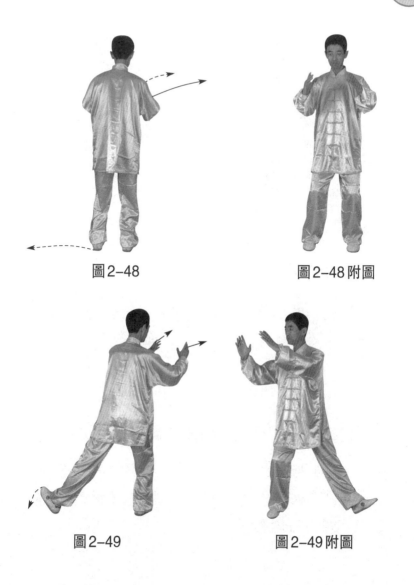

圖2-48　　　　　　　圖2-48附圖

圖2-49　　　　　　　圖2-49附圖

10. 橫掌落腳

左腳前掌落地，腳尖對正西方向；同時，雙掌

圖2-50　　　　　　　圖2-50附圖

以腕關節為軸翻轉，使手心向外，指尖朝右，橫掌
於胸前；眼視雙手。（圖2-50、圖2-50附圖）

11. 弓步捌橫

　　右腳跟碾地外旋，催動腰左轉90°，中丹田對西
北；左腿屈膝成左弓步；同時，隨腰轉雙手向左前
側（西北）捌橫，力點在雙手；眼隨視雙手。（圖
2-51、圖2-51附圖）

【要點】
　　同第八式弓步捌橫（右式），唯左右、方向相
反。

圖2-51

圖2-51附圖

第十二式 虛步按豎（右式）

1. 翹腳翻掌

重心移至右腿，左腳尖上翹內扣；同時，左手翻轉至手心向上，手指朝前，右手翻轉使手心斜向下，手指朝西北；眼視左手。（圖2-52）

圖2-52

圖2-53

2. 擺掌跟步

腰右轉90°，中丹田對東北；左腳跟步於右腳內側，腳尖點地；同時，左手向右畫弧經面前攔掌於右肩前，手指斜向上，手心朝右；右手略向下、向右、向上畫弧至東北方向，腕同肩高，掌心向上，指向東北；眼隨左手移至右手。（圖2-53）

3. 壓掌上步

腰微左轉，左腳向正西上步，腳跟著地；同時，右臂屈肘，手掌距右額髮際一橫拳，掌心斜向下對正西，手指斜向上；左手從右肩前下壓至右胯

圖2-54   圖2-55

前，手心朝下，手指朝東北；眼視右手。（圖2-54）

4. 落腳壓掌

腰微左轉約30°，左腳尖落地對正西，重心偏於右腿，成左偏馬步；同時，右手屈臂下壓與右胸同高，掌心斜向下；左手從右胯內側向左平摟畫弧，至左胯內側約20公分處，掌心向下，手指向東北；眼視右手。（圖2-55）

5. 摟膝推掌

右腳跟碾地45°，蹬地、催胯、轉腰；腰左轉

圖2-56

圖2-57

90°，中丹田對正西；同時，右手向正西推掌，手心朝正西，手指斜向上；左掌向左畫弧摟膝於左胯外側，手腕距胯約20公分，手心向下，手指向西；眼視右手。（圖2-56）

6.翹腳翻掌

腰右轉45°，中丹田對西北；重心移至右腿，左腳尖上翹；同時，左手順勢前伸，翻掌，手心朝上，手指向西；右手腕放平，手心向下，手指朝西；眼視左手。（圖2-57）

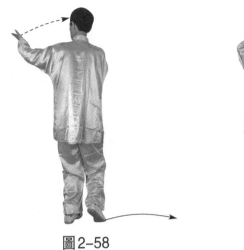

圖2-58

圖2-59

7. 扣腳跟步

腰右轉90°，中丹田對東北；左腳尖內扣90°，移重心於左腿，右腳收至左腳內側，腳尖點地；同時，左掌向內擺至西北，手心向上；右手收至左肩前，手心斜向下；眼視左手。（圖2-58）

8. 壓掌上步

腰微右轉，右腳向正東上步，腳跟著地；同時，右手從左肩前下壓至左胯前，手心朝下，手指朝西北；左臂屈肘，手掌距左額髮際一橫拳，手指斜向上，手心斜向下對正東；眼視左手。（圖2-59）

圖2-60

圖2-61

9. 落腳壓掌

腰微右轉，右腳尖落地對正東，重心偏於左腿，成右偏馬步；同時，右手從左胯內側向右平摟畫弧，至右胯內側約20公分，掌心向下，手指向北；左手屈臂下壓與左胸同高，掌心斜向下；眼視左手。（圖2-60）

10. 摟膝推掌

左腳碾地45°，蹬地、催胯、轉腰；腰右轉90°，中丹田對正東；同時，右手向右畫弧摟膝於右胯外側，手腕距胯約20公分，手心向下，手指向

圖2-62

圖2-63

東;左手向正東推掌,手心朝正東,手指向上;眼視左手。(圖2-61)

11. 懷抱陰陽

重心後移至左腿,翹右腳尖;同時,左手翻掌,使手心朝內與胸同高,手指向右;右手上擺與胸同高,手心朝外,手指向左,雙手中指中衝穴相對;眼視兩手。(圖2-62)

12. 擺腳轉體

腰右轉45°,中丹田對東南;右腳尖外擺90°落地;眼視雙手。(圖2-63)

圖2-64

圖2-65

13. 穿掌跟步

腰右轉45°，中丹田對正南；重心移至右腿，左腳跟步於右腳內側；同時，左手順勢從右手腕上穿出，兩手外關穴相對；眼視兩掌。（圖2-64）

14. 分掌退步

左腳向後撤一步，腳前掌著地，重心在右腿；同時，左手順時針旋轉，使內關穴對右手外關穴，再雙手慢慢分開，與肩同寬同高；目視雙手。（圖2-65）

圖2-66

15. 虛步按豎

重心後移至左腿成右虛步；同時，雙手向下按至腹前，手指朝前，手心向下；眼視雙手。（圖2-66）

【要點】

手與腳必須上下在一個方向，且能垂直對應，手腳齊動。

圖2-67

圖2-68

第十三式　虛步按豎（左式）

1. 弓步插掌

左腳跟蹬地催動左胯成右弓步；同時，左掌逆時針滾動向前（正南方向）插掌，手心向上，手指向前，右掌外撐按於右胯旁；眼隨視左手。（圖2-67）

2. 撐掌後坐

重心移至左腿，右腳尖翹起，成右虛步；同時，左掌順時針轉動，手心向前，手指朝右，前撐手臂；目視左手。（圖2-68）

圖2-69

圖2-70

3. 轉身抬臂

腰左轉90°，中丹田對正東；右腳尖內扣135°落地；同時，左手隨身轉畫弧摟擺90°至胸前；右手亦隨身轉從右胯旁順時針滾動抬起與肩高，手心朝上，手指朝南，腕與肩平；目視右手。（圖2-69）

4. 轉身摟砍

腰左轉90°，中丹田對正北；左腳尖抬起外擺90°，成左虛步；同時，左掌隨左轉身畫弧摟擺90°，下按至左胯旁；右手也隨身轉從右向左畫平弧180°至胸前，高與肩平；目視右手。（圖2-70）

圖2-71　　　　　　　　圖2-71附圖

5. 穿掌跟步

左腳前腳掌落地踏平，重心移至左腿，右腳跟步於左腳內側，腳尖點地；同時，右手翻轉手心向外，左手翻轉手心向內，從右手腕上穿出，兩腕交叉，外關穴懸空相對；目視兩手。（圖2-71、圖2-71附圖）

6. 分掌退步

右腳向後撤一步，腳尖著地，成左弓步；同時，左手順時針旋轉，使內關穴對右手外關穴，再雙手慢慢分開，與肩同寬同高；目視前方。（圖2-72、

圖2-72

圖2-72附圖

圖2-73

圖2-73附圖

圖2-72附圖）

7. 虛步豎按

　　右腳跟落地，重心後移至右腿，左腳跟抬起，成左虛步；同時，雙手向下按至腹前，手指朝前，手心向下；目視雙手。（圖2-73、圖2-73附圖）

圖2-74

圖2-74附圖

【要點】

同第十二式虛步按豎（右式）。

第十四式　弓步搬折（右式）

1. 抱球跟腳

腰右轉45°，中丹田對東北；左腳跟外旋45°落地，重心移至左腿，右腳提起跟至左腳內側，腳前掌著地；同時，左手向上畫弧至左胸前，腕同肩高，手心向下，手指朝右前方；右手向右畫弧至腹前下丹田處，手心朝上，手指斜向前，兩手抱球，勞宮穴相對；目視左手。（圖2-74、圖2-74附圖）

圖2-75　　　　　　　　圖2-75附圖

2. 合掌上步

右腳向正東上一步，腳跟著地，成右虛步；同時，左手向下按，右手向上抬，使兩手在心窩部中脘穴前合掌成十字手，兩手相距約3公分；目視雙手。（圖2-75、圖2-75附圖）

3. 落腳分掌

右腳尖落地對正東；同時，左手往後抽，右手往前撐，兩手分開，左手指對右掌內側；目視右手。（圖2-76、圖2-76附圖）

圖2-76　　　　　　　　　　　圖2-76附圖

4. 弓步掤折

　　腰右轉45°，中丹田對正東；重心移至右腿，左腳跟碾地，成右弓步；同時，右臂彎曲，自下向上弧線掤出，手心朝內，手指朝左；左手下按於左胯旁，手指朝正東；目視右手。（圖2-77、圖2-77附圖）

【要點】

　　左腳後跟緊貼地面，右腿膝關節垂直線不超出腳尖。右臂肘關節彎曲角度要大於90°。

圖 2-77

圖 2-77附圖

圖 2-78

第十五式 弓步搠折（左式）

1. 後坐撐臂

身體重心移至左腿，右腳尖翹起；同時，右臂前撐，左臂向左略撐；目視右手。（圖2-78）

圖2-79

圖2-80

2. 抱球跟腳

　　腰右轉90°，中丹田對正南；右腳尖外擺90°落地，重心移至右腿，左腳跟於右腳內側，腳前掌著地；同時，右手翻轉於右胸前，手心向下；左手翻轉於腹部下丹田處，手心向上，雙手抱球，勞宮穴相對；目視右手。（圖2-79）

3. 合掌上步

　　腰左轉45°，中丹田對東南；左腳向正東上步，腳跟著地，腳尖上翹，成左虛步；同時，右手下按，左手上抬，兩手相合成十字手，相距約3公分，高與

圖2-81　　　　　　圖2-82

心窩部（中脘穴）同高；目視雙手。（圖2-80）

4. 落腳分掌

左腳尖落地對正東；同時，左手往前撐，右手往後抽，兩手分開，右手指對左掌內側；目視雙手。（圖2-81）

5. 弓步掤折

腰左轉45°，中丹田對正東；重心移至左腿，右腳碾地催胯成左弓步；同時，左臂彎曲，自下向上弧線掤出，手心朝內，手指朝右；右手下按於右胯旁，手指向前；目視左手。（圖2-82）

圖2-83

【要點】

同第十四式弓步掤折（右式），唯左右相反。

第十六式 虛步捋撇

1. 後坐撐掌

右腿屈膝，重心移至右腿，左腳尖翹起；同時，兩手前撐，左手指朝前，右手中指中衝穴對左手腕部神門穴；目視雙手。（圖2-83）

2. 扣腳畫圓

右轉腰90°，中丹田對正南；重心不變，左腳尖

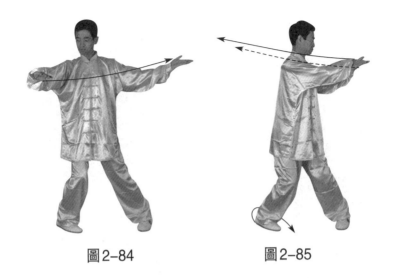

圖2-84　　　　　　圖2-85

內扣135°落地；同時，右手隨轉體向右畫弧至右胸
前，手指對東南，腕同肩高；左手向右擺45°，手指
對東南，腕同肩高；眼視右手。（圖2-84）

3. 穿掌合抱

腰左轉45°，中丹田對東南；同時，右手經胸前
向左畫弧從左手腕上穿出，兩手內關穴懸空相對；
眼視雙手。（圖2-85）

4. 轉體抹掌

腰右轉90°，中丹田對西南；重心移至左腿，右
腳跟抬起內旋90°，腳前掌著地，成右虛步；同時，

圖2-86   圖2-87

右手向右上方抹掌，高不過眉；左手順勢滑至右腕
下，中指尖對右手腕內關穴；眼視雙手。（圖2-
86）

5. 虛步捋撇

腰微左轉；同時，雙手下捋，左手捋至下丹田
處，右手捋至右腿上方；眼視右手。（圖2-87）

【要點】

右手向左手上穿掌時，身體往後，雙手往前，
有對拉之勢；轉體抹掌要以手掌小指外側為力點；
腰左轉帶動雙手下捋，百會穴虛領頂勁。

圖2-88

第十七式 弓步搠折（右式）

1. 後坐撐臂

腰左轉90°，中丹田對東南；右腳跟外碾135°落地，重心移至右腿，左腳尖翹起外擺135°，腳尖對正東，成左虛步；同時，左右手隨腰轉向左右撐開；眼視左手。（圖2-88）

2. 抱球跟腳

腰左轉90°，中丹田對東北；左腳尖外擺45°落地，腳尖對東北，重心移至左腿，右腳跟於左腳內

圖2-89　　　　　　　　圖2-89附圖

側，腳前掌著地；同時，左手向上抬至左胸前，手心朝下，右手向腹前畫弧至下丹田處，兩手心相對成抱球狀；目視左手。（圖2-89、圖2-89附圖）

3. 合掌上步

動作同第十四式弓步掤折（*右式*）之2動。（圖2-90）

4. 落腳分掌

動作同第十四式弓步掤折（*右式*）之3動。（圖2-91）

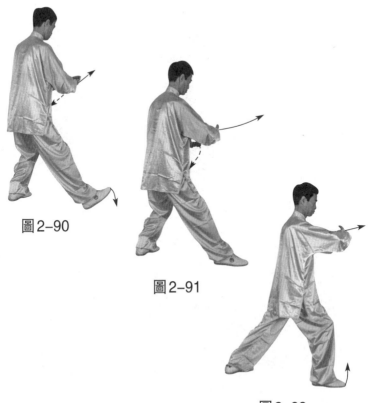

圖2-90

圖2-91

圖2-92

5. 弓步掤折

動作同第十四式弓步掤折（右式）之4動。

（圖2-92）

【要點】

同第十四式弓步掤折（右式）。

圖2-93

第二段

第十八式 弓步搧折（左式）

1. 後坐撐臂

重心移至左腿，右腳尖翹起；同時，右臂前撐，左手臂向左略撐；目視右手。（圖2-93）

2. 抱球跟腳

腰左轉90°，中丹田對正北；右腳尖內扣90°落地，重心移至右腿，左腳跟於右腳內側，腳前掌著

圖2-94　　　　　　　圖2-95

地；同時，右掌翻轉於右胸前，手心向下，腕同肩
高；左手翻轉於腹部下丹田處，手心向上，雙手抱
球，勞宮穴相對；目視右手。（圖2-94）

3. 合掌上步

　　腰左轉45°，中丹田對西北；左腳向正西上步，
腳跟著地，腳尖上翹，成左虛步；同時，右手下
按，左手上抬，兩手相合成十字手，相距約3公
分，高與心窩部（中脘穴）同高；目視雙手。（圖
2-95）

圖2-96

圖2-97

4. 落腳分掌

左腳尖落地對正西；同時，左手往前撐，右手往後抽，兩手分開，右手指對左掌內側；目視雙手。（圖2-96）

5. 弓步掤折

腰左轉45°，中丹田對正西；重心移至左腿，右腳碾地、催胯成左弓步；同時，左臂彎曲自下向上掤出，手心朝內，手指朝右；右手下按至右胯旁，手指向正西；目視左手。（圖2-97）

圖2-98

【要點】

同第十五式弓步搠折（左式），唯方向相反。

第十九式 虛步挒撇

1. 後坐撐掌

右腿屈膝，重心移至右腿，左腳尖翹起；同時，兩手前撐，左手指朝前（正西），右手中指中衝穴對左手腕部神門穴；眼視雙手。（圖2-98）

2. 扣腳畫圓

腰右轉90°，中丹田對正北；重心不變，左腳尖

圖2-99　　　　　　　　　圖2-100

內扣135°落地；同時，右手隨轉體向右畫弧至右胸前，手指對西北，腕同肩高；左手向右擺45°，手指對東南，腕同肩高；眼視右手。（圖2-99）

3. 穿掌合抱

腰左轉約45°，中丹田對西北；同時，右手從左手腕上穿出，兩手內關穴懸空相對；眼視雙手。（圖2-100）

4. 轉體抹掌

腰右轉90°，中丹田對東北；重心移至左腿，右腳跟抬起內旋90°，腳前掌著地，成右虛步；同時，

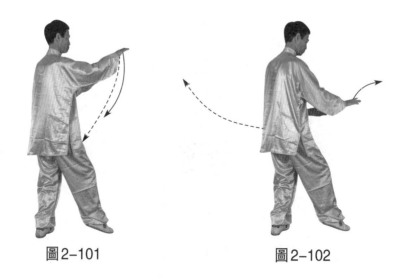

圖2-101　　　　　　圖2-102

兩手向右上方抹掌，高不過眉，左手順勢滑至右腕
下，中指尖對右手腕內關穴；目視雙手。（圖2-
101）

5. 虛步捋撇

腰微左轉；同時，雙手下捋，左手捋至下丹田
處，右手捋至右腿上方；眼視右手。（圖2-102）

【要點】

右手向左手腕上穿掌時，身體往後，雙手往
前，有對拉之勢；轉體抹掌以手掌小指外側為力
點。

圖2-103

第二十式　倒捲肱（左式）

1. 轉身舉臂

腰左轉45°，中丹田對正北；同時，左手經腹前向後、向上畫弧上舉，腕與肩平，手心向上，手指對西北；右手向前抬起上舉，腕與肩平，手心向下；眼視左手。（圖2-103）

2. 撤腳屈臂

腰右轉45°，中丹田對東北；右腳後撤至左腳內側，腳前掌著地；同時，左臂屈肘，左手收至左耳

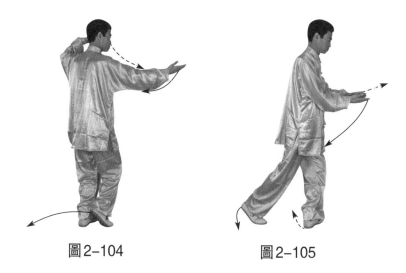

圖2-104　　　　　圖2-105

旁，手心斜向前；右手翻轉手心向上，稍往回收；
眼視右手。（圖2-104）

3. 退步合掌

腰右轉45°，中丹田對正東；右腳向後退一步落
地，腳前掌著地；同時，左手向前下推出，與右手
掌相合；眼視雙手。（圖2-105）

4. 虛步推掌

腰微右轉，中丹田斜對東南；右腳跟內旋45°落
地，重心移至右腿，左腳跟抬起外旋45°，腳前掌著
地，成左虛步；同時，左手向前上方推出，腕與肩

圖2-106

平，手心斜向前（正東）；右手收於右腰側，手心
向上，指尖向前；眼視左手。（圖2-106）

【要點】

撤腳屈臂、退步合掌、虛步推掌一氣呵成。

第二十一式 虛步捋捺

1. 碾腳開弓

腰右轉，中丹田對正南；左腳後跟向外碾轉
135°，腳尖對西南，重心移至左腿，右腳不動；同
時，左手臂屈肘於左胸前，翻轉手心向下；右手向

圖2-107　　　　　　　圖2-108

右、向上畫弧，腕同肩高，手心向上；眼視右手。
（圖2-107）

2. 穿掌合抱

腰右轉45°，中丹田對西南；同時，左手從右手
腕上穿出，兩手內關穴懸空相對；眼視雙手。（圖
2-108）

3. 轉體抹掌

腰左轉90°，中丹田對東南；重心移至右腿，左
腳跟抬起內旋90°，腳前掌著地，成左虛步；同時，
雙手向左平抹，高不過眉，右手順勢滑至左腕下，

圖2-109

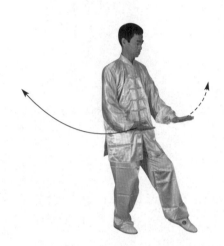

圖2-110

中指對左手腕內關穴；目視雙手。（圖2-109）

4. 虛步挒捺

腰微右轉；同時，雙手下挒，右手挒至下丹田
處，左手挒左腿上方；目視左手。（圖2-110）

【要點】
同第十九式虛步挒撇，唯左右、方向相反。

圖2-111

第二十二式　倒捲肱（右式）

1. 轉身舉臂

腰右轉45°，中丹田對正南；同時，右手經腹前向後、向上畫弧上舉，腕與肩平，手心向上，手指對西南；左手向前抬起上舉，腕與肩平，手心向下；眼視右手。（圖2-111）

2. 撤腳屈臂

腰左轉45°，中丹田對東南；左腳後撤至右腳內側，腳前掌著地；同時，右臂屈肘，右手收至右耳

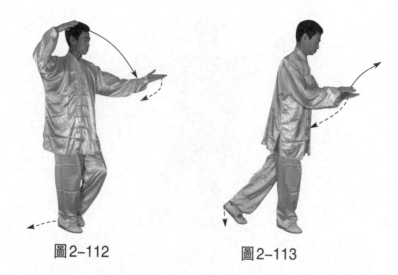

圖2-112   圖2-113

旁，手心斜向前；左掌翻轉手心向上，稍往回收；
眼視左手。（圖2-112）

3. 退步合掌

腰左轉45°，中丹田對正東；左腳向後退一步落
地，腳前掌著地；同時，右手向前下推出，與左手
掌相合；眼視雙手。（圖2-113）

4. 虛步推掌

腰微左轉，中丹田斜對東北；重心移至左腿，
右腳跟內旋，腳前掌著地，成右虛步；同時，右手
向前上方推出，腕與肩平，手心斜向前（正東）；

圖2-114

左手收於左腰側，手心向上，指尖向前；眼視右
手。（圖2-114）

【要點】

同第二十式倒捲肱（左式），唯左右、方向相
反。

第二十三式　虛步捋捺

1. 碾腳開弓

腰左轉90°，中丹田對正北；右腳後跟向外輾轉
135°，腳尖對西北，左腳不動；同時，左手臂屈肘

圖2-115   圖2-116

於左胸前，翻轉手心向下；右手向上略抬起腕同肩
高，手心向上；眼視右手。（圖2-115）

2. 穿掌合抱

腰右轉45°，中丹田對東北；同時，左手經胸前
向左畫弧，從右手腕上穿出，兩手內關穴懸空相
對；眼視雙手。（圖2-116）

3. 轉體抹掌

腰左轉90°，中丹田對西北；重心移至右腿，左
腳跟抬起內旋90°，前腳掌著地，成左虛步；同時，
雙手向左上方抹掌，高不過眉；右手順勢滑至左腕

圖2-117   圖2-118

下，中指對左手腕內關穴；目視雙手。（圖2-117）

4. 虛步捋捺

腰微右轉；同時，雙手向下捋，右手捋至下丹田處，左手捋左腿上方；目視左手。（圖2-118）

【要點】

與第二十一式虛步捋捺相同，唯左右、方向相反。

圖2-119

第二十四式 獨立托掌

重心在右腿，左腿提膝懸空，腳尖下垂，膝、腳尖對西北；同時，左手臂滾動外旋，向斜前上方（西北）托起，手心朝上，指尖向前，肘膝相對；右手臂滾動外旋，向右胸前上抬，屈臂90°以上，手心朝外，腕與肩同高；眼視左手。（圖2-119）

【要點】

左手對左腳，有肘與膝相連之感；手往上托，腿膝隨之，膝關節儘量上提，離肘關節越近越好。

圖2–120　　　　　　　圖2–120附圖

第二十五式　橫勾攔採

1. 開胯轉體

腰左轉90°，中丹田對西南；左腿向左平擺90°；同時，左手隨轉體也左擺90°；眼視左手。（圖2–120、圖2–120附圖）

2. 落腳對掌

左腳向前落地，腳跟著地；同時，左手臂內旋，手心朝右，右手臂外旋微下落，手心朝左，雙手相對；眼視兩手。（圖2–121）

圖2-121　　　　　　　　　　　圖2-122

3. 跟步抱球

左腳尖外擺落地，重心移至左腿，右腳跟於左腳內側，腳前掌著地，中丹田對西南；同時，左手翻轉手心向下，腕同肩高；右手向下、向左畫弧至腹前下丹田處，手心向上，兩手抱球，兩手勞宮穴懸空相對；眼隨視左手。（圖2-122）

4. 上步橫抱

腰右轉45°，中丹田對正西；右腳向前上一步，腳跟著地；同時，左手臂內旋，手心朝外，勞宮穴對中丹田；右手自腹前向上畫弧與左手對接，手心朝

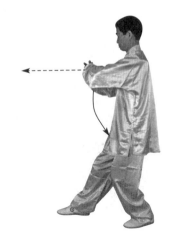

圖2-123   圖2-124

內，兩手相距約20公分；眼視雙手。（圖2-123）

5. 落腳合掌

右腳尖落地；同時，兩手相合，相距約2公分；眼視兩手。（圖2-124）

6. 弓步推掌

左腳跟蹬地，重心前移，右腿屈膝成右弓步；同時，左掌向上錯掌，向前推出，手心朝外，手指朝右；右掌向下採按於右胯旁；眼視左手。（圖2-125）

圖2-125　　　　　　圖2-126

【要點】

　　左擺時先開胯；抱球時手心相對；橫在胸前時，兩手勞宮穴正對中丹田。

第二十六式　豎勾採（右式）

1. 後坐撐臂

　　左腿屈膝，重心後移，右腳尖上翹；同時，左手臂向下畫弧外旋，手心朝右；右手臂外旋，手心朝左，雙手相對，與腰同高；眼視雙手。（圖2-126）

圖2-127

2. 跟腳抱球

腰右轉45°，中丹田對西北；右腳尖外擺90°落地，重心移至右腿，左腳跟至右腳內側，腳前掌著地；同時，右手臂上抬，手心翻轉朝下，橫於右胸前，左手向下畫弧至腹前下丹田處，手心朝上，兩手抱球，勞宮穴相對；眼視右手。（圖2-127）

3. 合掌上步

左腳向前上一步，腳跟著地，成左虛步；同時，右手下按，左手上抬，兩手相合成十字手，相距約3公分，高同心窩處（中脘穴）；眼視雙手。

圖2-128　　　　　　　圖2-129

（圖2-128）

4. 落腳滑掌

左腳尖落地；同時，左手往前撐，右手往後滑，中指尖對左掌內側；眼視兩手。（圖2-129）

5. 弓步分掌

腰左轉45°，中丹田對正西；右腳碾地、催胯，重心前移成左弓步；同時，左掌向左上方斜分，腕與肩平，掌心向上；右掌採於右胯旁，掌心向下，指尖向前，成右採勢；眼視左手。（圖2-130）

圖2-130　　　　　　　圖2-131

【要點】

合掌、上步，分掌、弓步協調一致。弓步時，右腳後跟緊貼地面，左腿膝關節垂直線不超過腳尖。

第二十七式　豎勾採（左式）

1. 後坐撐臂

右腿屈膝，重心後坐，左腳尖上翹；同時，左手臂內旋，手心略朝右，右手臂外旋，手心略朝左，兩手勞宮穴相對；眼視雙手。（圖2-131）

圖2-132　　　　　　　圖2-133

2. 跟腳抱球

　　腰左轉45°，中丹田對西南；左腳尖外擺90°落地，重心移至左腿，右腳跟至左腳內側，腳前掌著地；同時，左手臂上抬，手心翻轉朝下，橫於左胸前；右手向左畫弧至腹前下丹田處，手心朝上，兩手抱球，勞宮穴相對；眼視左手。（圖2-132）

3. 合掌上步

　　右腳向前上一步，腳跟著地，成右虛步；同時，左手下按，右手上抬，兩手相合成十字手，相距約3公分，與心窩處（中脘穴）同高；眼視雙

圖2-134   圖2-135

手。（圖2-133）

4. 落腳滑掌

右腳尖落地；同時，左手往後滑掌，右手往前撐掌，兩手分開，左手指對右掌內側；眼視兩手。（圖2-134）

5. 弓步分掌

腰右轉45°，中丹田對正西；左腳碾地、催胯，重心前移成右弓步；同時，右掌向右上方斜分，腕與肩平，掌心向上；左掌採於左胯旁，掌心向下，指尖向前，成左採勢；眼視右手。（圖2-135）

圖2-136

【要點】

與第二十六式豎勾採（右式）相同，唯左右相
反。

第二十八式　馬步靠

1. 後坐擺掌

腰左轉90°，中丹田對正南；重心移至左腿，右
腳尖上翹；同時，左手臂外旋，向後斜上方畫弧，
手心朝上，腕與肩同高；右臂向左屈肘，向左擺掌
於左肩前，手心斜向下；眼視左手。（圖2-136）

圖2-137   圖2-138

2. 轉體攔掌

腰右轉90°，中丹田對正西；右腳略外擺落地；
同時，左手經面前向右攔掌至右胸前，右手向下經
腹前向右摟掌至右胯旁；眼視左手。（圖2-137）

3. 跟步擺掌

腰右轉45°，中丹田對西北；右腳尖外擺45°，
重心移至右腿，左腳跟步於右腳內側；同時，右手
臂外旋，向右後上方畫弧，與肩同高，手心朝上；
左臂向右屈肘，向右擺掌於右肩前，手心向下；眼
視右手。（圖2-138）

圖2-139

4. 壓拳上步

左腳向左前方（*西南*）上一大步，腳跟著地，腳尖上翹，重心在右腿；同時，左臂略伸展，隨即掌變拳，右臂屈肘，手掌扶於左前臂，兩手同時向左下壓，左手拳輪對右腿膝關節；眼視左拳。（圖2-139）

5. 馬步側靠

腰左轉45°，中丹田對正西；左腳尖落地對西南，四六開步（*左腿四分，右腿六分*）；同時，右掌快速推動左臂向左腿膝關節上方靠勁，左手臂以

圖2-140　　　　　　　圖2-140附圖

肘關節為力點，向外撐張，似弓形；目視左臂。
（圖2-140、圖2-140附圖）

【要點】

右臂屈肘與左腳上步一致；腰左轉要發力，似
撞在彈簧上又彈回來，力點在左手臂外側；腿與手
臂形成弧線。

第二十九式　斜飛勢

1. 後坐雲手

重心移至右腿，左腳尖上翹；同時，右手向上
畫弧於眼前；左手拳變掌，手心向下，向上抬起；

圖2-141　　　　　　　　圖2-142

眼視右手。（圖2-141）

2. 擺腳雲手

腰右轉45°，中丹田對西北；左腳尖外擺45°落
地，腳尖對正南；同時，右手向右經眼前畫弧於右
側，手心向內，手指向右；左手向下、向右經腹前
向上畫弧於右胸前，手心對右肘關節，手指朝右；
眼視右手。（圖2-142）

3. 跟步抱球

腰左轉135°，中丹田對正南；重心移至左腿，
右腳跟步於左腳內側，腳前掌著地；同時，左掌翻

圖2-143　　　　　圖2-144

轉於左胸前，手心朝下；右手自右向下畫弧於腹前
下丹田處，手心朝上，兩手抱球，勞宮穴相對；眼
視左手。（圖2-143）

4. 仆步合掌

重心在左腿，右腳向右側（正西）橫開一大
步，右腳尖內扣90°落地，兩腳平行，成右仆步；
同時，兩手合掌於心窩前（中脘穴）；目視兩手。
（圖2-144）

5. 仆步分掌

重心移至右腿，成左仆步；同時，兩掌分開，

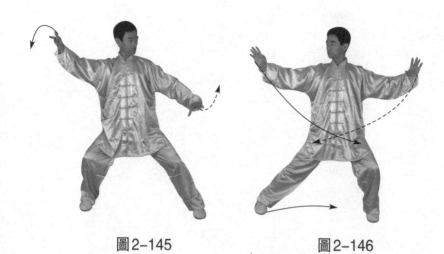

圖2-145　　　　　　　圖2-146

左掌向左下方分於左胯旁，手指朝前，手心朝下；
右掌向右上方分於頭右側，手心朝下，手指朝前；
眼先隨視右手，再隨視左手。（圖2-145）

【要點】

　　合掌、右腳橫開要一致，兩腳平行；眼隨右手
到位後，再目視左手。

第三十式　十字手

1.仆步翻掌

重心移至左腿；同時，兩手立掌，與肩同高，

圖2-147　　　　　　　　圖2-148

掌指朝上，手心斜朝前；眼視右手。（圖2-146）

2. 收腳合腕

收右腳，與肩同寬落地；同時，兩手從兩側往下畫弧於腹前，手腕交叉，左手在內，對下丹田；眼視前方。（圖2-147）

3. 上行丹田

兩手內、外關穴相對不變，沿任脈向上逆行至中丹田；眼視雙手。（圖2-148）

圖2-149

4. 伸臂懸腕

右手滾動向前伸出，手心向下，與肩同高，左手滾動從右手腕上穿出，前伸與肩同高，手心向下，內關穴與右手腕外關穴懸空相對；眼視兩手。（圖2-149）

【要點】

兩手在下交叉，手腕處的內、外關穴相對，並對下丹田；向上行至胸前，對中丹田；兩手前伸，內、外關穴相對；整個過程兩手腕不得相靠。

圖2-150

圖2-151

第三十一式 收 勢

1. 前伸分掌

兩手向前稍平伸，再向兩側分開，手指朝前，
與肩同寬；目視前方。（圖2-150）

2. 收腳併步

兩手先下落於體側，再左腳收於右腳內側，併
步。（圖2-151）

圖2-152

4. 回歸無極

兩腳前掌慢慢分開，恢復無極狀態。（圖2-152）

【要點】

兩手下落，依次是肩、肘、腕、指掌、指中關節到指端，依次下落，最後手指下對腳趾。

三、書法太極拳三十一式動作路線示意圖

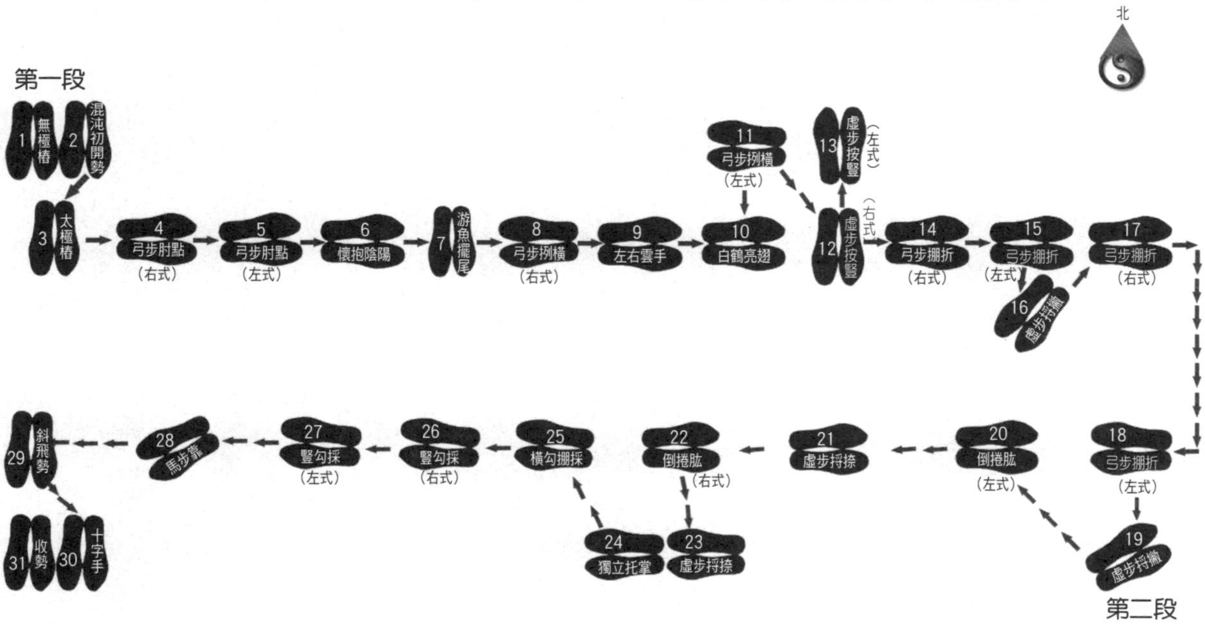
北
第一段
1 無極樁
2 混沌初開勢
3 太極樁
4 弓步肘點（右式）
5 弓步肘點（左式）
6 懷抱陰陽
7 游魚擺尾
8 弓步挒橫（右式）
9 左右雲手
10 白鶴亮翅
11 弓步挒橫（左式）
12 虛步按豎（右式）
13 虛步按豎（左式）
14 弓步掤折（右式）
15 弓步掤折（左式）
16 虛步捋撇
17 弓步掤折（右式）
第二段
18 弓步掤折（左式）
19 虛步捋撇
20 倒捲肱（左式）
21 虛步捋捺
22 倒捲肱（右式）
23 虛步捋捺
24 獨立托掌
25 橫勾掤採
26 豎勾採（右式）
27 豎勾採（左式）
28 馬步靠
29 斜飛勢
30 十字手
31 收勢

基本功篇

圖3–1   圖3–2

一、太極步型

步型是指下肢腿腳的基本形狀。步型的關鍵是
使動作穩定。書法太極拳三十一式套路中涉及的步
型有8種：開步、弓步、馬步、偏馬步、虛步、丁
步、仆步、獨立步。

(一)開 步

兩腳平行站立，腳尖向前，兩腳掌平行，距離
與肩同寬。（圖3–1）

(二)弓 步

前腿全腳掌著地，屈膝前弓，膝蓋不得超過腳

圖3-3   圖3-4

尖，後腿自然伸直，膝蓋與腳尖朝同一方向。（圖
3-2）

(三)馬 步

兩腳平行分開，距離與肩同寬，膝蓋與腳尖朝
同一方向，不得超過腳尖，兩腿半屈膝，重心在兩
腿之間。（圖3-3）

(四)偏馬步

兩腳分開，距離比肩稍寬，兩腿半屈膝，重心
前四後六。（圖3-4）

(五)虛 步

一腿屈膝半蹲，全腳掌著地，腳尖斜朝前，重

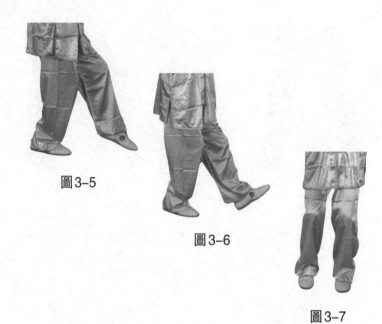

圖3-5

圖3-6

圖3-7

心落於此腿；另一腿向前伸出，微屈，前腳掌著地
或腳跟著地。（圖3-5、圖3-6）

(六)丁 步

一腿屈膝半蹲，全腳掌著地，重心落於此腿；
另一腿亦屈膝，腳前掌點地於支撐腳內側。（圖
3-7）

(七)仆 步

一腿屈膝全蹲，另一腿自然伸直，全腳掌著地，

圖3-8

圖3-9

腳尖儘量內扣，雙腳跟不得離開地面。（圖3-8）

(八)獨立步

一腿微屈支撐，另一腿屈膝提起，大腿水平或高於水平。（圖3-9）

二、太極步法

「練拳不練腿，到老冒失鬼；練拳不練步，下盤不穩固。」太極步法是太極十三勢中的進勢和退勢，是動作變化靈活的基礎。

方向以中丹田對正西為例。

圖3–10

(一)前進步

1. 無極樁

中丹田對正西；兩腳自然站立，腳後跟相靠，腳尖分開，兩膝微屈而內直。（圖3–10）

【要點】

全身放鬆，要鬆的開，鬆而不懈，緊而不僵。

2. 預 備

腰右轉45°，中丹田對西北；兩腿微屈膝下蹲，

圖 3-11

圖 3-12

左腳跟提起於右腳踝內側，前腳掌著地，兩膝與右
腳尖朝西北；同時，兩掌背分別貼靠腰後左右腎臟
部位，手心朝後；目視前方。（圖3-11）

【要點】

右腿膝蓋垂直線不超腳尖；屈膝角度在行步過
程中始終保持不變，身體不可高低起伏。屈膝角度
決定運動強度的大小。

3. 開 胯

腰不轉動，中丹田方向不變；左腿開胯，膝外
開45°對正西；目視西北。（圖3-12）

圖 3–13

【要點】

向左開胯，膝蓋對正西，腳尖微離地，以便邁出橫向距離。

4. 邁 步

腰不轉動，中丹田方向不變；左腳向正西邁步，懸空，腿自然伸直，繃腳面，腳尖對正西；目視西北。（圖3–13）

【要點】

提腳高度不超過支撐腳內踝骨，繃腳邁出懸空並橫開一橫拳距離。

圖3-14

圖3-15

5. 翹 腳

腰不轉動，中丹田方向不變；左腳尖上翹，保
持懸空；目視西北。（圖3-14）

【要點】

左腳懸空，身體保持穩定。

6. 落 地

腰不轉動，中丹田方向不變；左腳垂直落於地
面，腳跟著地；目視西北。（圖3-15）

圖3-16

【要點】

腳跟垂直落地，腳跟落地決定橫向距離。身體
重心不得前移，保持在支撐腿上。

7. 落 腳

腰不轉動，中丹田方向不變；左腳前掌下落，
全腳掌著地，腳尖對正西；目視西北。（圖3-16）

【要點】

左膝放鬆，略彎曲。

8. 弓步轉體

腰左轉45°，中丹田對正西；右腿蹬直，左腿前

圖3-17　　　　　　　　　　　圖3-18

弓，屈膝90°，重心前移成左弓步；目視正西。（圖
3-17）

【要點】

中丹田對左弓步的腳尖方向，膝蓋垂直線不超
過腳尖。右腳跟借助地面的反作用力，傳至膝、至
胯、至腰，至左腿前弓。

9. 後坐翹腳

上身保持不變；右腿屈膝，重心後移至右腿，
左腳尖翹起；目視正西。（圖3-18）

圖3-19

圖3-20

【要點】

右腿先屈膝，再後移重心，同時左腳尖上翹。
不可撅臀、挺腹。

10. 擺腳轉體

腰微左轉，左腳前掌外擺45°～90°；目視前
方。（圖3-19）

11. 落腳跟步

腰左轉45°，中丹田對西南；重心慢移至左腿，
右腳提起，跟步於左腳內側，腳前掌著地；目視西
南。（圖3-20）

圖3–21

【要點】

跟步時，身體儘量避免晃動；跟步後，中丹田
與左腳尖同一方向；身體正直。

以上是左腳先進步。繼續前行，右腳向前進
步，動作與左腳進步相同，唯左右腳相反。如此交
替反覆練習。

每次練習完畢，務必要收勢，動作如下。

12. 抬臂開步

重心移至左（右）腿，右（左）腳提起向右
（左）橫開一步，與肩同寬，兩腳平行；同時，兩
手從背後向體前、向上抬起，同肩寬、同肩高；目
視前方。（圖3–21）

圖3-22

圖3-23

圖3-24

13. 兩手下落

兩手慢慢下落於兩胯旁，手心空含，手指朝下，手背斜向前；目視前方。（圖3-22）

14. 提腳併步

左腳提起收至右腳內側併步。（圖3-23）

15. 無極樁

兩腳尖慢慢分開，成無極樁勢。（圖3-24）

圖3-25

(二)後退步

方向以中丹田對正西為例。

1. 無極椿

中丹田對正西;兩腳自然站立,腳後跟相靠,腳尖分開,兩膝微屈而內直;目視前方。(圖3-25)

【要點】

全身放鬆,要鬆的開,鬆而不懈,緊而不僵。

圖3-26

2. 預 備

腰右轉45°，中丹田對西北；重心移至右腿，屈
膝下蹲，左腳跟提起於右腳內側，腳前掌著地，雙
膝對右腳尖方向；同時，兩手相疊輕貼於腹前下丹
田處，右手在外，左手在內；目視前方。（圖3-
26）

【要點】

右腿膝蓋垂直線儘量不超出腳尖；屈膝角度
（即蹲的高低）將在行步過程中保持不變。

圖3-27   圖3-28

3. 退 步

上身姿勢保持不變；左腳向身體正後方向退出
一步，腳前掌著地；目視前方。（圖3-27）

【要點】

後腿自然伸直。

4. 碾腳虛步

腰左轉45°，中丹田對正西；左腳跟內旋45°落
地，重心後移，右腳腳前掌著地，成右虛步；目視
前方。（圖3-28）

圖 3-29

【要點】

上身保持中正。

5. 轉身收腳

腰左轉45°，中丹田對西南；同時，右腳提起向後收至左腳內側，腳前掌著地；目視前方。（圖3-29）

【要點】

前腳後收時，上身不得後仰。

以上是左腳先退步。繼續後退，右腳向後退步，動作與左腳退步相同，唯左右相反。如此交替

圖3-30

圖3-31

反覆練習。

　每次練習完畢，務必要收勢，動作同前進步收勢。（參見圖3-21—圖3-24）

三、太極手型

　手型是指手掌形態。書法太極拳涉及的手型有3種：拳、掌、勾。

(一)拳

　四指自然捲屈，拇指壓在食指、中指第二指節上。

　書法太極拳涉及的拳型有平拳（圖3-30）和立拳（圖3-31）。

圖3-32

圖3-33

圖3-34

【要點】

握拳不可太緊，拳面要平。

(二)掌

五指自然舒展，掌心微含。

書法太極拳涉及的掌型有平掌（圖3-32）、立掌（圖3-33）和側掌（圖3-34）。

【要點】

虎口呈弧形，腕部保持鬆活。

圖3–35

(三)勾

五指合攏，自然微屈成弧形，屈腕。有正勾和反勾之分。

書法太極拳涉及的勾型是正勾（圖3–35）。

【要點】

手心含空，五指不可用力。

四、柔韌性練習

在掌握步型步法和手法後，需進一步加強柔韌性練習，促使步型更規範，步法更大方。

(一)弓步壓腿

兩腳全腳掌著地，前弓腿膝蓋垂直線不超過腳

圖3-36

圖3-37

尖，儘量保持小腿垂直，後腿不得彎曲，身體朝前弓腿腳尖方向。左腿在前時右髖部往下垂直振壓。右腿在前時左髖部往下垂直振壓，每腿振壓以20次為宜（圖3-36）。也可後腳跟抬起振壓（圖3-37）。

(二)仆步壓腿

重心在屈膝腿上，另一腿伸直。第一階段：兩

圖3-38

圖3-39

圖3-40

手分別放在兩腿膝蓋上振壓（圖3-38）；一週後，
進入第二階段：兩手分別放在兩腳腳面上振壓（圖
3-39）；約兩週，再進入第三階段：兩手同時抻抱
伸出腿的腳面，振壓約兩週（圖3-40）。每次振壓
20次左右。之後，可經常練習。

圖3-41

圖3-42

(三)虛步壓腿

一腿屈膝支撐，另一腿前伸，膝蓋不得彎曲，胸部對前伸腿振壓（圖3-41），每次振壓20次左右。最終以兩手能抱住腳前掌為度（圖3-42）。之後，可經常練習。

(四)高抬壓腿

1. 正壓腿

支撐腿的腳尖朝抬腿方向，另一腿抬起，腳跟置於橫杆上，胸部向抬起腿的膝蓋振壓，兩腿膝蓋都不得彎曲。可兩手扶在抬起腿的膝蓋上（圖3-43）；

圖3-43

圖3-44

也可以兩手抱住抬起腿的腳前掌（圖3-44）。20次為一組合。

2. 側壓腿

支撐腿腳尖外擺，胸朝支撐腿腳尖方向，抬起腿腳跟置於橫杆上，腳尖向上，兩腿膝蓋不得彎曲，胯部收進，不得凸起，側身向高抬腿方向振壓。（圖3-45—圖3-47）

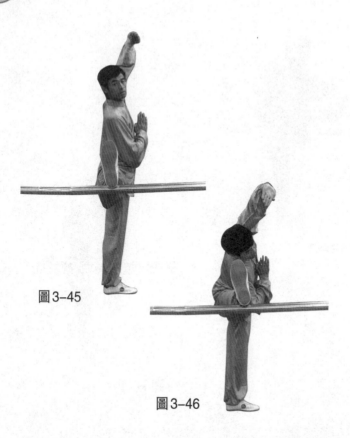

圖 3–45

圖 3–46

圖 3–47

圖3-48

圖3-49

3. 高舉腿正壓

腿抬高過胸為高舉腿，可借大樹等高物練習振壓。

支撐腿腳尖與高抬腿方向一致，高抬腿的腳後跟緊貼橫杆，兩膝均不得彎曲，上身不得後仰。兩手可放在抬起腿的膝蓋上，也可抱抬起腿的腳振壓。（圖3-48、圖3-49）

圖3-50

圖3-51

4. 高舉腿側壓

支撐腿腳尖外擺，胸向支撐腿腳尖方向，高抬腿腳尖勾起，兩膝不得彎曲。側身向抬腿方向振壓。（圖3-50、圖3-51）

圖3-52

圖3-53

（五）前俯腰壓腰

1. 分腿前俯腰下壓

　　兩腳距離比肩略寬，挺胸塌腰，兩手臂在胸前相疊，然後上身向前下俯壓，肘部儘量往下觸地，雙膝蓋不得彎曲。（圖3-52、圖3-53）

圖3-54   圖3-55

2. 併腿前俯腰下壓

　　兩腿併攏，雙腳併齊，膝蓋挺直，挺胸塌腰；雙手手指交叉上舉，然後上身向前下俯壓，雙手觸地為宜。（圖3-54、圖3-55）

一、無極樁

1. 靜立養氣

兩腳跟併齊相靠，腳尖分開，兩大腳趾根處能容納本人橫拳四指寬，膝微屈而內直，身體重心落於腳心；胯關節掖住內收，有微坐之意（不露於外），臀部要收斂，不能凸出；脊椎要直，腰腹部放鬆，胸舒開，尾閭對兩腳跟之間；保持身直、頭正、項直，鼻尖對肚臍。

兩肩鬆沉，兩臂自然下垂，小指靠褲縫，手背斜向前，兩手大拇指放鬆並下對小腳趾根，手心空，中指舒；口輕閉，舌抵上齶，保持頭正，眼瞼放鬆如「垂簾」，雙目含神正視。（圖4-1）

每次以15～30分鐘為宜。練功結束後，一定要收勢，以使氣歸丹田。

2. 收 勢

兩手分別向斜前上方抬起，高與頭齊，手心向下。（圖4-2）

圖4-1

圖4-2

圖4-3

　　不停，兩手向額前靠攏，距上丹田（眉中）約
一拳頭，手心向下。（圖4-3）

　　不停，兩手向下按，按至中丹田處（胸前），

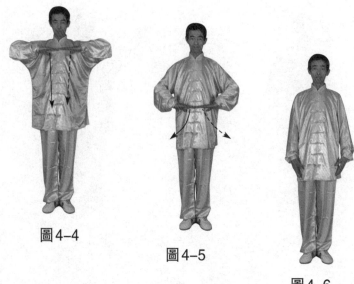

圖4-4

圖4-5

圖4-6

手心向下。（圖4-4）

　　不停，兩手繼續向下按至下丹田（臍下），手心向下。（圖4-5）

　　不停，兩手向兩側分開，下落至兩腿外側，恢復無極樁。（圖4-6）

【養生機理】

　　兩腳大腳趾根處能容納本人橫拳四指寬，這個距離是保證氣場合圍身體的最佳距離，若太寬，會感覺氣場是散的，太窄會覺得氣場過於閉合。

　　兩膝微屈，身體重心透過兩膝落在兩腳心，腳

心似皮碗狀牢牢地與地心相吸，這樣不但有利於氣血循環，更能減輕膝關節承受重力的負擔，避免膝關節過度勞累。由於膝關節是承受身體重量的唯一過渡載體，所以應儘量減少對膝關節的傷害，培養保健膝關節意識。

運行整套拳架或練習椿功時，始終要保持掖髖斂臀的狀態。髖關節連著骨盆，骨盆內盛放的是人體生殖臟器，生殖臟器上連著大小腸，大小腸又連著人體五臟六腑，是養生保健的核心。

由於骨盆深淺有度，依賴髖關節承托，當髖關節偏離垂直重心往前頂時，骨盆面就會往後傾斜，這時生殖臟器隨之滑出而碰撞後背部位的腎臟等軟組織；當髖關節偏離垂直重心往後頂時，骨盆面就會往前傾斜，臟器就會隨之滑出使肚子顯得更大，牽連著的五臟六腑也一起受累、受害。長期如此前翻後撞就會損壞內臟器官，形成疾病。

事實上，人從出生那天起，時時刻刻都在使骨盆前翻後撞，很少有機會將骨盆端正使內臟得到應有的休養，消耗真元之氣，導致亞健康及各種疾病的逐步形成。做到掖髖斂臀，端正骨盆，內臟就會得到休息，養生、養氣就是從這裏開始的。

二、太極椿

太極椿分陽椿與陰椿。不需入靜，僅注重身法的係陽椿，謂之以形調氣。閉目靜心修煉的椿法係陰椿，謂之以意調氣。

(一)太極陽椿

太極陽椿是不需入靜的自然形態椿法，以形養氣，兩手掌心呈雷達掌形向下對著地面，端正身姿，無需靜態，是很生活化的一種椿法，可思考問題、看電視、聽音樂、聊天，靠的是天人合一的身法與合理的運動強度來促進氣之能量的運行。

1. 站 椿

無極椿，自然站立。（圖4-7）

兩腳併齊，腳前掌慢慢合攏。（圖4-8）

兩腳開立，左腳向左橫開一步，與肩同寬，略呈內八字。（圖4-9）

兩手抬起，兩手合谷穴向前、向上領起至肩高，勞宮穴相對。（圖4-10）

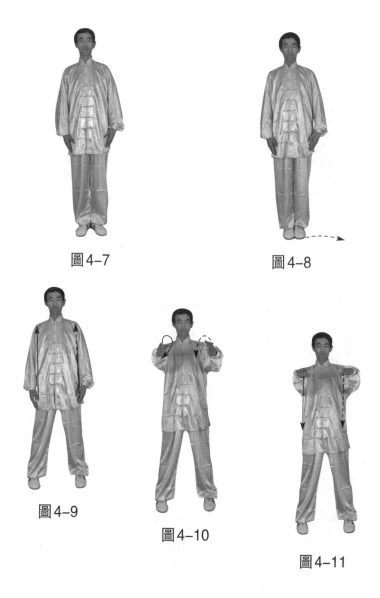

圖4-7　　　　　　　圖4-8

圖4-9

圖4-10

圖4-11

　　掌心向下，兩手腕轉動使掌心勞宮穴向下。
（圖4-11）

圖4-12

圖4-13

雙掌下按與腰同高；同時，雙腿屈膝下蹲，使雙掌心（勞宮穴）向下與地陰相接；全身放鬆，自然呼吸。（圖4-12）

每次站樁時間10～45分鐘。練到一定程度時便可配合禪坐鍛鍊。（圖4-13）

2. 開合運氣

轉手腕使雙手勞宮穴遙遙相對。（圖4-14）

合攏，兩手慢慢合攏，以不接觸為宜。（圖4-15）

拉開，兩手慢慢拉開，勞宮穴相對，距離以兩手臂保持圓弧為準。（圖4-16）

圖4-14

圖4-15

圖4-16

　　如此重複合攏、拉開，一合一開為一遍，共開
合3～9遍後收勢。

圖4-17

圖4-18

圖4-19

3. 斂氣入丹田

合攏，兩手慢慢合攏，手掌相靠，掌心空含，指尖朝前。（圖4-17）

貼胸，兩手慢慢收於胸前，掌根緊貼中丹田，同時深吸氣。（圖4-18）

立掌，兩手掌慢慢立起來，指尖朝上，似拜佛狀。（圖4-19）

圖4-20

圖4-21

圖4-22

　　分掌，兩手分開，指尖相對於天突穴處，兩肘
抬起與肩平。（圖4-20）

　　下行，兩手沿任脈慢慢下行至下丹田處，指尖
相對，同時呼氣，做到綿綿不斷地吐氣。（圖4-
21）

　　分掌，兩手分開垂於體側，手心朝裏，指尖朝
下。（圖4-22）

　　收腳，左腳提起收於右腳處，兩腳併齊。（圖

圖4-23 圖4-24

4-23）

　分腳，兩腳尖慢慢分開，恢復無極樁。（圖4-
24）

【養生機理】

屈膝抬臂

　使腿部和肩臂肌肉保持一定的運動量，加速氣的循環運行，加強外氣內收，促使部分內氣轉化成外氣。

沉肩垂肘

　自然形成逆腹式呼吸，增加氧氣的吸入量和二氧化碳的排出量，就是加強氧氣的內收和濁氣的排

除。

鬆腰、平腕、手指成梯形

鬆腰就是腰椎及其兩側肌肉放鬆，站立時腰部伸直乃至後凸，伸直時不要硬挺，而是上下牽拉，好似各脊椎骨輕輕重疊在一起，具體做法是先將腰自然伸直，然後微聳兩肩，輕輕下放即可（同時意念中要有放鬆腰的意識）。

平腕就是手腕部不能上翹，下垂或向左、右側彎，中指至曲池穴成一直線。

手指成梯形，即食指略高，其餘三指依次成梯形排列，中指節處自然略彎，手指微微分開，使指節全部放鬆，既「軟」又「柔」。

鬆腰、平腕、手指成梯形，使氣血很容易從下向上流通，經肩臂、腕到達手指端，氣機流暢，氣感直達手指。

坐胯收腹

坐胯是臀部微微下蹲，呈似坐非坐相，軀幹與大腿保持一定的角度，大腿根部保持空虛之三角。收腹是將小腹回收，胸腹呈一直線。收腹不是使腹肌緊張，應該髖骨骼前上棘（髖骨凸起處）向背部陽關穴（骶骨上）回縮，腰部直撐。

頭正頂懸

頭要中正，虛領向上，好似一根繩子連於百會穴，把人懸於空中。頭正頂懸不僅是周身中正之關鍵，而且誘導氣機上升，以養腦營神。

含胸拔背

含胸，先呼氣，使胸前部——胸骨柄與兩乳之間的三角地帶稍稍內含（注意不是兩肩向前內扣，更不是將胸部合攏），胸部放鬆。

拔背，是背部脊椎自然豎直。大椎穴向上領，使脊椎伸直。為避免背部後凸與抬肩之弊，需落膀，即兩肩胛骨自然放鬆下沉。

胸背放鬆，利於任督二脈的通達，使在胸部交會的六陰經交接通暢，保持五臟機能的正常。

鬆尾閭

鬆胯臀部下蹲後，意想尾閭部似連著一根棍子拄於地上，久久行之，尾閭即可下垂。垂尾閭可使氣機沿督脈上升，鬆尾閭可鬆腰俞穴（骶骨與尾骨相連處），這又是鬆腰的關鍵。

(二)太極陰樁

太極陰樁是入靜養氣的樁法。

圖4-25

圖4-26

圖4-27

　　兩手掌心向內對著身體呈懷抱狀於腹部下丹田
處（圖4-25）、胸部中丹田處（圖4-26）、頭部上
丹田處（圖4-27）。

　　要求逐漸達到高度的靜心狀態，或加之意念、
意守，以意養氣。是以低運動強度進入靜態的運動
方法（往往氣功效應較慢），所以對急於求得療效
的練功者來說，需具備足夠的耐心和時間。

【養生機理】

太極陰樁與太極陽樁殊途同歸，最終目的一樣，即，達到通經活血、平衡陰陽、開慧益智、延年益壽的效果。不同的是用的時間長短、調理陰陽的方法不一樣。陰樁主要是以補陰氣為先，力求體靜意靜，以意引氣（無意則有意），意守漸忘意，達到忘我而入空寂之高級境界，返本求真。空寂，則無意無念、無色無物，沉浸在一片空寂中，得到宇宙氣場的洗滌，如同人體浸泡在清潔的水中洗滌汙物般。

身體放鬆，有利於入靜用意，直至淡意棄意。但是，成人先天元氣消耗過多，導致氣質量欠佳，缺少足夠能量來通經活絡，陰虛之象籠罩身體，如果免疫力低下，身體容易困倦、腰酸背痛、頭痛目眩，有氣無力的感覺也常有發生。加之，練陰樁時先期攝入的往往是陰氣較多，又被身體陰虛吸收，導致陰虛加重。

這時身體會出現一些不舒服的反應，如放屁、打嗝、噁心、煩躁、大小便多、病情症狀加重等。但此時正是一陽初始之時，身體細胞組織習慣了這些動作，並能天人合一，堅持繼續鍛鍊一段時間，

陽氣（精氣）才能漸漸補入身體，並與先天元氣相融，至此陽氣旺盛，氣足充盈，本能地順經湧動，沐浴血脈淤物，久之達到通經活絡、保健經絡之效。同時也與陰氣漸漸持平，謂之陰陽平衡，身體開始健康，所以，需鍛鍊較長時間（半年左右）方能有所成效。若加之意念引導則會氣行加速，效果倍增。

附錄：書法太極拳人體穴位圖

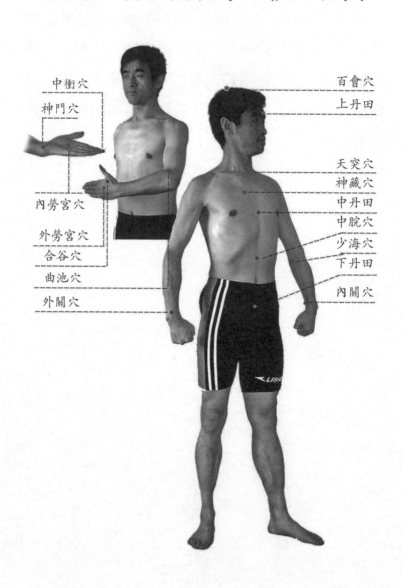

中衝穴

神門穴

內勞宮穴

外勞宮穴

合谷穴

曲池穴

外關穴

百會穴

上丹田

天突穴

神藏穴

中丹田

中脘穴

少海穴

下丹田

內關穴

後 記

　　路漫漫兮，滿懷激情至今，書法太極拳與我一同走過漫長歲月，它與我的血脈相融，多年的編寫與修改，源於眾多太極拳愛好者們的親身體驗及慢性病患者們的真實感受。今天，我坐在電腦前寫這本書最後的部分。此刻，我心中的感受難以言語。

　　回想開始寫的時候，正是樹木枯枝，而現在，窗外則是滿目春綠。桃花和紅葉正吐露芬芳，空氣中飄逸著溫馨與舒暢，正像我此時此刻的心情，這種感覺迄今為止只有兩次。第一次是在六年前三月的一天，那是我參編中國首部《健康管理師培訓教材·運動與健康》完成的一天，這本書我用了兩年的時間籌備和努力，在那一天終於封筆。

　　它對我的意義真是難以用筆墨形容，是它將我拉入運動與健康軌道，並一路帶我走到今天，是它在引導我前進的道路。

　　今天當我提筆寫這篇後記的時候，我又有了這種久違的感覺，這種感覺中包含了我卸下一份由來已久的負擔後的輕鬆，也包含了我完成一個十分在

意的作品後的成就感和愉悅感。

如果說我的第一個作品幫助我奠定了從事運動與健康事業的基礎，那麼這第二個作品則為我未來的事業和書法太極拳指明了方向和道路。因為寫這本書的過程也是我歸零整理思路的過程，它促使我從獨特創新、高效的角度去研究書法與太極拳的課題。事實上我寫的每一講都是我自己對書法和太極拳結合的理論與實踐，以及恩師們授予功夫的深刻感悟和體會。而在寫這本書的過程中，我思路從渾濁走向清晰，這對於我繼續在太極養生領域的探索有著深遠的意義。

我在多年的書法太極拳實踐中把「滿招損，謙受益」始終作為自己的座右銘，堅持取他人之長，補己之短。我深知「良醫不能糟其術，百藥無所施其功」之理，紮實的醫術才是硬道理。因此，我把《老子》所言「自知不自見，自愛不自貴」銘刻在心，以「敢為天下先」的態度，嚴謹對待書法太極拳研究、實踐，終於取得了一點「成果」，算是我多年心血的結晶吧！

書法太極拳的順利成書，是由於畢玉萍女士、趙愛平女士、魏冉先生、李香萍女士對書稿的修

改、校對、攝影等做了許多工作；北京龍潭公園太極拳第一輔導站站長張萬玉、張增榮老師、中國武術協會張玉彬先生、中國養生人才網CEO趙丹先生、真美之光北京美容科技有限公司董事長胡迎健先生、朱迪昕瑤女士等為書法太極拳的推廣盡心盡力；還有北京著名中醫師賈雪蓮女士、賈志祥先生、范俊英女士，北京世健聯醫學研究院院長魏躍先生、著名太極懸空書法創建人張桂生先生、中國科學院杜俊傑博士、中國社會科學院張平博士、著名哲學家俄語教授杜宏偉博士對本書給予了許多有益的建議和幫助；最後不能忘了老朋友王永軒先生、孔祥偉先生、王愛民先生、王岩智先生、周超先生、李衛兵先生以及戰友劉春萍女士的鼎力支持，才有了書法太極拳事業的發展；借此機會，一併表示真摯的感謝！

書中可能還有一些疏漏和不足之處，請有關專家指正，並敬請廣大讀者批評，不勝感激。我的信箱是：248419685@qq.com；電話：13521215899，也真心希望與廣大太極養生愛好者結為朋友，彼此切磋，經常交流，互相激勵，共同為我國的太極養生事業貢獻力量。

導引養生功

張廣德養生著作　每冊定價350元

輕鬆學武術

太極跤

彩色圖解太極武術

養生保健 古今養生保健法 強身健體增加身體免疫力

健康加油站

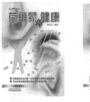

太極武術教學光碟

太極功夫扇
五十二式太極扇
演示：李德印 等
(2VCD)中國

夕陽美太極功夫扇
五十六式太極扇
演示：李德印 等
(2VCD)中國

陳氏太極拳及其技擊法
演示：馬虹(10VCD)中國
陳氏太極拳勁道釋秘
拆拳講勁
演示：馬虹(8DVD)中國
推手技巧及功力訓練
演示：馬虹(4VCD)中國

陳氏太極拳新架一路
演示：陳正雷(1DVD)中國
陳氏太極拳新架二路
演示：陳正雷(1DVD)中國
陳氏太極拳老架一路
演示：陳正雷(1DVD)中國

陳氏太極拳老架二路
演示：陳正雷(1DVD)中國
陳氏太極推手
演示：陳正雷(1DVD)中國
陳氏太極單刀・雙刀
演示：陳正雷(1DVD)中國

郭林新氣功
(8DVD)中國

本公司還有其他武術光碟
歡迎來電詢問或至網站查詢
電話：02-28236031
網址：www.dah-jaan.com.tw

原版教學光碟

歡迎至本公司購買書籍

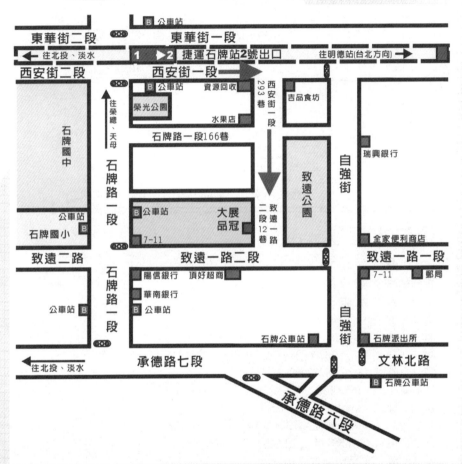

建議路線

1. 搭乘捷運・公車

　　淡水線石牌站下車，由石牌捷運站2號出口出站(出站後靠右邊)，沿著捷運高架往台北方向走(往明德站方向)，其街名為西安街，約走100公尺(勿超過紅綠燈)，由西安街一段293巷進來(巷口有一公車站牌，站名為自強街口)，本公司位於致遠公園對面。搭公車者請於石牌站(石牌派出所)下車，走進自強街，遇致遠路口左轉，右手邊第一條巷子即為本社位置。

2. 自行開車或騎車

　　由承德路接石牌路，看到陽信銀行右轉，此條即為致遠一路二段，在遇到自強街(紅綠燈)前的巷子(致遠公園)左轉，即可看到本公司招牌。

國家圖書館出版品預行編目資料

書法太極拳／范紫陽 著
——初版，——臺北市，大展，2016〔民105.05〕
面；21公分 ——（武術特輯；156）
ISBN 978-986-346-113-5（平裝附數位影音光碟）

1.太極拳
528.972　　　　　　　　　　　　　105003322

書法太極拳 附 DVD

著　　　者／范紫陽
責任編輯／謝建平
發 行 人／蔡森明
出 版 者／大展出版社有限公司
社　　　址／台北市北投區（石牌）致遠一路2段12巷1號
電　　　話／（02）28236031・28236033・28233123
傳　　　眞／（02）28272069
郵政劃撥／01669551
網　　　址／www.dah-jaan.com.tw
E - mail ／ service@dah-jaan.com.tw
登 記 證／局版臺業字第2171號
承 印 者／傳興印刷有限公司
裝　　　訂／眾友裝訂企業公司
排 版 者／弘益電腦排版有限公司
授 權 者／北京人民體育出版社
初版1刷／2016年（民105年）5月

定　價／330元

大展好書　好書大展
品嘗好書　冠群可期